绿色的畅想

——绿色教育的思考与实践

周慧芹◎著

吉林人民出版社

图书在版编目（CIP）数据

绿色的畅想：绿色教育的思考与实践 / 周慧芹著.
-- 长春：吉林人民出版社, 2019.8（2024.1重印）
ISBN 978-7-206-17478-0

Ⅰ.①绿… Ⅱ.①周… Ⅲ.①师资培养—研究 Ⅳ.
①G451.2

中国版本图书馆CIP数据核字（2020）第160324号

责任编辑：赵梁爽
封面设计：听　卉

绿色的畅想——绿色教育的思考与实践
LUSE DE CHANGXIANG——LUSE JIAOYU DE SIKAO YU SHIJIAN

著　　者：周慧芹
出版发行：吉林人民出版社（长春市人民大街7548号　邮政编码：130022）
咨询电话：0431-85378026
印　　刷：北京一鑫印务有限责任公司
开　　本：787mm×1092mm　　　1/16
印　　张：13.25　　　　　　字　　数：230千字
标准书号：ISBN 978-7-206-17478-0
版　　次：2020年8月第1版　　　印　　次：2024年1月第2次印刷
定　　价：48.00元

如发现印装质量问题，影响阅读，请与出版社联系调换。

作者的话

青少年时代，我就梦想着当老师。我曾经担任过学校少先队大队长、红代会主席，到大学也是学生干部，一直是老师的左膀右臂。高中毕业后，我毅然决然地选择了英语教育专业，当上了一名英语教师。我是1985年参加工作的，我热爱着教师这个职业，热爱着这个岗位。当年教师职业的工资低得可怜，社会上英语专业人才又很紧缺，许多英语教师纷纷离岗到外贸等涉外企业工作，而我从来没有过要离开的想法，尽心尽力地坚守着，把英语教学和班主任工作做得津津有味。我觉得我就是为了教育而生的人。

2000年，我走上了学校领导岗位，从此心里装着的不再是一个班两个班的学生，而是全校的教育和教学。我始终认为，学生不是教会的，而是学会的，教师应该充分调动学生的内在学习动力，引领学生学习，不断地指导学生各学科的学习方法，培养学生良好的学习习惯，并坚持始终，而不是靠教师单纯地讲解、靠刷题……我还觉得校园里就应该充满了朗朗的读书声、活动的欢笑声、悠扬的乐曲声……绿色教育的思想不断地在我的心中萌芽、生长。

2006年我当上了校长，学校该往何处去？这是我首先思考的问题。我带领班子一方面继承发展前任校长的思想理念，不断完善学校管理；一方面积极学习，不断思考实践。面对社会上纷繁多样的教育思潮，我认为教育是面向人的活动，是有规律要遵循的，不能赶时髦、比新鲜。首先，要眼里有人，即以人为本，尊重人的生长发育规律，尊重认知规律，科学适时施教。其次，教育活动涉及的人与人之间要和谐统一，才能相伴相生，同向而行。再次，义务教育是给人生打基础的阶段，应该给学生广泛提供认识自我、发现自我的机会，甚至给学生犯错和认错的机会。从某种意义上讲，学校应该是学生人生的练习场，应该为学生未来可持续发展提供场

001

地、教师、课程和教具。我认为这样的教育才是教育该有的样子，即"人文、民主、和谐、活力、可持续"，我把它作为我的办学理念，并且用"绿色教育"来命名，因为绿色象征着生命与活力。"绿色教育"不仅仅是指生态环境教育，更是以尊重人、关注人为核心的人本教育，是一种充满人文关怀和自主发展的教育，是一种以可持续发展理念做指导，立足长远发展来组织和实施学校的各项工作，并保持旺盛生命力和活力的教育，它体现了一种和谐、自然、人本、民主的现代教育观。

十年来，我们的绿色教育特色学校从创建到深化，日臻完善，绿色教育的道路越走越宽广，绿色满园，花香四溢。本书从绿色教育的思考与实践角度，向大家呈现了我们绿色梦的筑梦和追梦的过程，如果能给大家以启发，我将不胜荣幸。

周慧芹

2019年12月

序　言

　　办学就是办文化。一所好学校，在于学校内涵的积淀，在于学校精神的内化，在于学校文化的引领。学校文化是一所学校的灵魂，是学校持续发展的生命源泉。优秀的学校文化能凝聚成一种精神，这种精神会以其独特的感染力、凝聚力，教育和塑造人的心理、性格和自我意识。

　　一名校长的文化力是学校文化的核心。一名有文化力的校长，必然是一个有思想的人，而一个有思想的人应当表现为：有先进的教育理念和信仰，有深爱教育的情怀和追求，有对教育理论的学习与思考，有基于教育实践的探索和反思。一名有文化力的校长，应当既是实践家，又是思想者，更是有信仰的追求者——周慧芹校长就是这样的一位校长。

　　周校长从教35年，先后做过英语教师、班主任、副校长、校长，无论在哪个岗位，都力求把工作做到极致。周校长是一个有强烈进取心的人，40岁读教育硕士，不畏艰难，孜孜以求，躬耕不辍。她不为名，不为利，只为不辜负家长的信任，不辜负莘莘学子期待的目光。周校长是一个为人正直、作风扎实的人，她带领十四中学，走过的是一条执着追求、辛勤耕耘之路，一步一个台阶，从而彻底改变学校面貌，使大连市第十四中学跻身省市区先进学校行列。

　　"绿色的畅想"，饱含着诗意；《绿色的畅想》，记录着绿色教育践行者闪光的诗行。读了这本书，能让我们对一位有文化力的校长的敬业人生和实践历程有更深刻的了解。

　　作为一名思想敏锐、有开拓精神的学校教育管理者，多年的理论储备和教育教学实践，使周校长头脑清醒，思路清晰。她矢志不渝地致力于教育改革，2008年伊始，她率先提出了绿色教育的发展理念。在接下来的几年中，她不断丰富完善和细化了"人文、民主、和谐、活力、可持续"的绿色教育办学理念，逐步构建了绿色教育精神文化体系。她率领着有着绿色教育共同愿景的教师团队，在全面实施绿色教育过程中，大处着眼，小处入手，知行合一，行稳致远。他们实行德育科研开路，减少盲目性；他们借助专家指导，科学开发校本课程，培养教师团队；他们专注课堂改革，从根本上贯彻绿色教育理念；他们取得了可喜的成绩，成功创建了绿色教育特色学校。学校曾被评为大连市特色示范校、辽宁省课程改革示范校，她本人也获得省骨干校长、市优秀教育工作者等多项荣誉，主持的课题获得国家级科研成果二等奖。

本书是周校长绿色教育特色建设实践过程的一个总结。书中全面阐述了绿色教育的理论和实践，从绿色教育理念的诠释，到绿色教育理念落地实施，为大家分享了在她的带领下探索绿色教育的主要历程。也许这些思考还不够成熟，也许这些探索还不够完善，但是我相信，只要有梦想，并不断地行走在追求梦想的路上，就一定会梦想成真。"绿色的畅想"，定会唱响绿色的教育。

期待着周慧芹校长和她所带领的大连市第十四中学，能在绿色教育的实践探索中继承、发展、积淀，并不断升华，为办人民满意的学校而继续努力！

朱宁波
2020年7月
（朱宁波，辽宁师范大学教授，博士生导师）

目 录

第一章 思想先行——绿色教育的理性认识 ……001
 第一节 绿色教育的内涵和外延 ……002
 第二节 绿色教育的现实意义 ……008
 第三节 创建绿色教育特色学校的思想储备 ……010

第二章 文化养人——积淀绿色教育学校文化 ……023
 第一节 学校文化是潜移默化的教育力量 ……023
 第二节 擘画学校绿色文化发展战略 ……030

第三章 队伍保障——建设德技双馨的教师团队 ……053
 第一节 思想引领，提升境界 ……053
 第二节 人文管理，愿景感召 ……059
 第三节 分层设标，分类培养 ……068

第四章 校本科研——牵动提升教师素养的主线 ……075
 第一节 校本研修的思考与实践 ……075
 第二节 抓实校本培训"六动工程" ……079
 第三节 不断探索创新校本研修形式 ……093

第五章 课堂突破——营造和谐高效的绿色课堂 ……099
 第一节 理念先行，对绿色活力课堂的认识 ……099
 第二节 多措并举，扎实推进绿色活力课堂建设 ……104
 第三节 减负增效，凸显绿色活力课堂独特魅力 ……107
 第四节 加强信息技术与学科教学的整合 ……109

第六章　课程育人——构建绿色教育校本课程 …………………… 114
第一节　育校本课程之树，圆绿色教育之梦 ……………………… 114
第二节　绿色教育特色学校建设下的校本课程实施方案 ………… 120

第七章　习惯立人——找准实施有效德育的切入点 ……………… 133
第一节　对有效德育重要性的认识 ………………………………… 133
第二节　丰富多彩的德育实践活动 ………………………………… 160

第八章　艺术润人——让学生在艺术陶冶中长大 ………………… 174
第一节　把艺术教育作为绿色教育的重要内容 …………………… 174
第二节　精心打造艺术教育特色项目 ……………………………… 183

第九章　评价成人——改进和促进学生全面发展 ………………… 192
第一节　选好绿色评价的尺子 ……………………………………… 192
第二节　激励需要仪式感 …………………………………………… 196

后　　记 ……………………………………………………………… 203

第一章　思想先行——绿色教育的理性认识

绿色，有着简约朴素、返璞归真的自然本色，充满生机与活力，洋溢着昂扬向上和朝气蓬勃的生命之美，象征着生命与成长、和谐与自然、纯净与本真、健康与安全、希望与收获。在内心深处，在长期的教育实践中，我始终有个"绿色"的梦，就是想通过绿色教育，给学生们一个湛蓝的天空，一片充满绿色生机的沃土，让生命之美在绿色中诞生，生命之力在绿色中张扬。

早在"十一五"中后期，"绿色教育"的幼芽就在我的心中萌发。它像一缕崭新的曙光，激荡着我的心，让我为之探索、追寻。这期间，有迷惘，有徘徊，但我的绿色教育信念没有改变，那就是遵照教育规律办教育，关注师生的全面健康和谐发展，讲科学，重实效，实事求是。

学习和实践中我认识到，绿色教育是回归教育本原的教育。是以尊重人、关注人为核心，激发人的生机与活力，促进人的自主发展的教育。是一种以可持续发展理念做指导，立足长远来组织和实施学校教育工作，使受教育者得到全面、和谐发展，适应社会发展需求的教育。绿色教育体现了一种和谐、自然、人本、民主的现代教育观，并力求达到这样的境界：把课堂还给学生，让课堂充满生命活力；把班级还给学生，让教室充满成长的气息；把创造还给教师，让教师具有强烈的自我发展要求和创新精神；把精神发展的主动权还给师生，让学校充满勃勃生机。以此实现学校、教师、学生三者共同可持续发展，铸就绿色幸福人生。

"十二五"开局以来，我们大连市第十四中学在专家的指导下，领导班子成员利用寒暑假的时间，经过无数次碰撞、交流和研讨，绿色教育的轮廓越来越清晰地呈现在我们面前。我们的理念越来越明确，思路越来越鲜明，办绿色教育的信念越来越坚定。我们制订了学校特色建设三年总体规划和文化建设、队伍建设、有效德育、课程建设四个三年专项规划，开学后交由教职工代表大会讨论定稿，并在全体教职工大会上获得通过。每学年我们都要重温规划，制定落实时间表。这些规划方案的制订，确保了绿色教育特色建设工作的有效落实。

我校倡导"人文、民主、和谐、活力、可持续"的"绿色教育"理念，即关注学生发展的"可能性"，关注学校发展的"可持续性"。主要内涵如下：绿色教育是充满活力的生态教育，是一种在人文关怀下引导人自主发展的和谐教育。绿色教育中的老师是真爱、博学、民主、和蔼，关注每一个学生的终身发展，育德与育才兼顾，善于从细微入手，用积极的"蝴蝶效应"激发学生发展的可能性。绿色教育中的学生是自主、自强、活力、创新，在和谐发展中逐渐自觉提高自我学习能力和自我教育能力。绿色教育中的课堂是开放、灵动、智慧、和谐，是科学精神和人文精神的有机融合，师生关系优化，生生关系和谐。绿色教育中的环境是美化、绿化、净化、文化，让人有心理愉悦感和心理安全感，在潜移默化中受到感染和激励。而绿色教育最终的目的是追求教育本质，回归教育本原，最大程度地实施素质教育。

第一节 绿色教育的内涵和外延

狭义上的绿色教育是指环境保护教育，本指培养学生的环境意识和相关知识，使之以后无论处于何种工作岗位，都能具备环境意识，具有基础的环境知识，从而像绿色的种子播撒在中国的大地，为改善中国的环境、继续可持续发展事业打下基础。我国的绿色教育最早可以追溯到战国时期的庄子，他对"天人合一"这一哲学思想进行了系统的阐述，这一思想也在民间得到了推广。人类与自然之间的关系，即天人关系是一个永恒的主题。其中"天人合一"更是中国思想史上一个基本的信念，它一直在中国人的思维中或明或暗地存在着。1994年，中国政府颁布了《中国21世纪议程——中国21世纪人口、环境与发展白皮书》，随后相关理论发展起来，国内相关研究领域开始频繁使用"绿色教育"这一概念。开展绿色教育，就是要使人们知晓，应当从知与行两方面，在新的层次上，步入顺天而为、与道偕行的轨道，从而谋求天人之间的和谐共荣。因此，对人与自然辩证关系的认识是绿色教育产生的哲学基础。

广义的绿色教育，是指对人的开发同样要维护生态平衡。犹如生命需要洁净的环境一样，人的发展亦需一个绿色的、纯净的教育环境。它远离伤害，没有污染。它能唤醒人的潜能，顺应人的天性，为学生的终身发展奠基。通过创造一种健康和谐的自然、物质、文化心理、教育管理环境，促进师生共同发展。因而，绿色教育并非只是一所绿化、美化、净化的学校，绿色教育绿化的不只是触手可及的花草，更重要的是"绿化"每一个师生的精神世界，让绿色充盈在校园的每一个空气分子中。在提高科学素质的同时，也要提高人文素质，注重绿色校园环境文化建设、绿色教师队伍建设、绿色生态课堂教学、绿色生态德育建设、绿色校本课程体系建设等等，以此实现学校、教师、学生三者共同可持续发展。总之，绿色教育是一种以可持续发展理念做指导，立足长远发展来组织和实施学校当前的各项工作，并保持旺盛生命力的教育，它体现了一种和谐、自然、人本、民主的现代教育观。

绿色教育的理念源于对现代教育的反思与超越，随着绿色社会的呼声日益强烈，绿色教育越来越成为一个广泛传播、引领教育发展方向的概念。关于绿色教育的理论建构和实践探索是当代教育界必须承担的历史使命。

一、绿色教育是生命教育

绿色是生命的符号，是自然界中富有生命力的表征。绿色教育说到底是生命的教育，是关怀生命价值和生命生长需求的教育，是提升学生的生命境界的教育，是以人为本的教育。生命教育的目的在于：热爱生命，维护生命尊严；关爱生命，实现生命共生；承诺生命，实现生命价值；德化生命，实现生命幸福。绿色教育不是"见物不见人"，而是"目中始终有人"，尊重每一名学生，使之在接受无差别教育的同时，体验到生命成长的尊严与快乐。它崇尚学生生动活泼的发展，努力为学生营造和谐、民主、积极、健康的教育环境，是提升学生生命境界的教育。绿色教育尊重身心发展规律，以自然性、和谐性和人性化为内涵，以最大程度地保证学生身心健康成长为教育行为的目的，为学生的生命发展服务。

绿色教育，是关注内在精神生命的教育，是关注了人的可能世界或者说是人的超越性需要的教育。绿色教育是充满生机活力的教育，不仅通过课堂教学及实践活动等显性课程让学生感受生命的价值和意义，在自主、合作、探究的学习方式中，发展自身潜能，张扬个性，陶冶性情，享受学习的情趣，体验成功的乐趣，感受生命的活力，而且通过校园环境建设、良好校风学风等各种隐性方式，让学生体验和感悟学习与生活的真善美，形成正确合理、积极向上、符合可持续发展思想的道德观、人生观、世界观、价值观以及行为方式，实现知识与能力、认识与实践、科学与人文、理性与情感、健康体魄与健全人格的高度和谐统一。

用绿色发展理念，让教育立足于生命的原点，教育才可能实现拓展每一个生命的美好愿景。激励、引导学生夯实基础，养成良好的习惯，引导学生树立远大的服务社会的人生目标，积极乐观，责任明确，主动健康发展，学会生存、学会生活、学会发展，学会人与自然、社会相和谐。

绿色教育的最终理想，是实现"人的自我异化的积极扬弃""通过并且为了人而对人的本质的真正占有"，是"人的自身向社会的人的复归""这种复归是完全的、自觉的而且保存了以往发展的全部财富"。它将努力使"个人的独创和自由的发展不再是一句空话"，将在保证"一切社会成员有富足的和一天比一天充裕的物质生活"的同时，保证"他们的体力和智力获得充分的自由的发展和运用"（见《马克思恩格斯选集》第42卷第120页，第3卷第516页、第322页）。

二、绿色教育是素质教育

绿色教育是素质教育的形象阐释。中科院院士杨叔子指出："绿色教育，既是现代教育的目标，又是教育的内容与方法，而其思想与观念的核心，就是素质教育。这是一种现代的大教育观——即符合国家民族利益的教育观。"绿色教育与素质教育的目标是一致的。其核心内涵是科学发展，其目标是以学生的德、智、体、美、劳等全面发展为经，以知识技能、过程与方法、情感态度与价值观三方面为纬，以创新精神和实践能力为核心，让学生学会求知、做事、做人和共处，注重把人的全面和谐发展放在教育过程的中心地位，注重人的个性和潜能的充分发展、整体素质的全面提升，努力为人的自由发展提供条件。

绿色教育的基础是保证教育的方向性、健康性，是还教育以本来面目，以尊重人、关注人为核心，体现了由知识本位向以人为本转变，由重知识传授向重学生成长转变。绿色教育以能力为中心，对于学生的教育与发展，不仅仅是要求知识的积累、观念的更新，更要求人的综合素养的提高。它转变教育发展方式，改革教育教学形式，促进教育内涵发展。树立绿色的质量观，把促进人的全面发展、适应社会需要作为衡量教育质量的根本标准。注重学生综合素质的培养，着力提高学生的学习能力、实践能力、创新能力，着力提高学生服务国家、服务人民的社会责任感，勇于探索的创新精神和善于解决问题的实践能力，使学生成为德智体美劳全面发展的社会主义建设者和接班人。

绿色教育的重点是传承文明、教书育人，把学习的主动权、发展权还给学生。绿色教育强调和谐均衡，尊重人才成长的客观规律，顺应学生的自然天性，弘扬人的本性，以自然性、和谐性和人性化为内涵，努力促进学生素质的全面、和谐、自由、主动、个性化、可持续发展。绿色教育尊重学生的个体差异，强调个性张扬。绿色教育摒弃片面发展的应试追求，反对育人目标的千篇一律和格式化，积极倡导人才标准的多元化，努力为学生个性、特长的充分、自由地发展开辟空间和舞台。它强调寓教于乐，倡导自主探究式学习，强调主体意识，关注教育的全面性和教育的个性化的完美结合。绿色教育着眼于提高全民素质，不分阶层、地位、贫富与智愚，充分尊重每一个学生的个人发展权，将实现真正的教育公正、民主视为神圣的使命和责任，并力求突破学校的围墙，与社会、家庭融为一体，开放整合，携手共进。

三、绿色教育是生态教育

绿色是生机盎然的生态环境之色，象征健康，无污染。绿色是一股"种子的力量"，它蕴含着无限自由的发展空间。绿色是一种"和谐的环境"，是人与人、人与环境关系的理想境界，是人文思想与科学精神的和谐统一。

《教育生态学》提出"教育生态学是研究一定社会的教育生态系统结构和功能，探讨实现最优化教育生态结构和最佳生态功能的一门科学"，它要求我们教育者从生态的角度重新审视教育。绿色教育是充满活力的生态教育，是一种在人文关怀下引导人自主发展的和谐教育。它秉承教育生态学思想，以教育生态学理念为指导，主张把教育者和受教育者看作既是自然人又是社会人，努力为师生健康、主动、生动和个性化的自由发展创造一种安全健康、温馨和谐、开放自然、平等民主的文化氛围和充满绿色活力与人文关怀的、生态良好的校园环境，让学校里从物质环境到人文精神，都能体现对师生身心健康的关怀和关照，使师生的学习和生活融为一体，自然、真实、充实、踏实。师生在不知不觉中得到有益熏染和启迪，在有意无意间有所感悟和体验，不仅获得了知识和能力，而且涵养了性情、完善了人格、激发了潜能。

对教育者来说，绿色教育作为一种心态，是一种无污染的精神状态。对于学生来说，绿色教育作为一种动力之源，是实现心灵自我发现、自我认识、自我提升、自我超越的历程。绿色教育充满人文关怀，注重培养良好的教育生态环境。使师生在潜移默化中得到有益熏陶和启迪，在无痕教育中有所感悟和体验。绿色教育树立科学的学生观，把学生当作实践的人、社会的人、有独立意识和创新能力的人。"顺木之天，以致其性"，绿色教育构建生动、活泼、民主的教育环境，培育具有人文素养与科学精神并敢于创新、肯于实践的全面发展的人。绿色教育充分发挥学生的主体性和创造性，把促进学生健康成长作为学校一切工作的出发点和落脚点，关注"每一个"，在充满人文关怀的绿色环境下，体验成功，树立自信，在尊重他人及其文化的同时，逐步养成自我价值感，促进全体学生主动发展、幸福成长。绿色教育容纳进自然、人文、心灵和教育的诸多因素，放大与延伸教育智慧，包含着无限自由发展的空间。它要求我们的教育必须寓教于乐、寓教于生活、寓教于科学、寓教于未来的发展，培养适应社会发展的人。

四、绿色教育是可持续发展教育

可持续发展理论提出了关于人与自然、人与人、人与社会关系的理论准则。《21世纪议程》所确立的"可持续发展"是：既满足当代人的需要，又不对后代人满足其需要的能力构成危害的发展。

绿色教育为学生一生奠基，是可持续发展的教育。让学生在可持续发展教育环境中，逐步养成一种对自我、对他人、对环境、对未来的责任感，并把这种责任转化为个人和集体生活的行动和信仰、知识和技能。它关注学生人格的完善、基础能力的形成和潜能的开发，不以学生的学业成绩为唯一的教育目标，而以学生的终身发展为教育目的。绿色教育是针对工业化时代急功近利、只看结果不重过程的短视教育而提出的崭新命题。

杨叔子强调：教育必须"以人为本"，将坚持教育的"三个面向"与继承、弘扬我国优秀的教育传统结合起来；必须教会学生如何做人，如何思维，如何掌握必要的知识以及运用知识的能力；必须培养出具有现代水平的本国本民族的学生。绿色教育坚持"绿色、和谐、人文、科学"为基本内涵的教育思想和"促进人的全面素质可持续发展"的教育价值观，建设人本、和谐、民主、规范的管理文化制度，注重以立人为中心的教育，注重教育教学过程与方法的变革，让课堂充满生机活力，促进学生个性全面发展和教师专业发展，使学校成为教师与学生共同成长的精神家园，实现学校的可持续发展。

绿色教育是一种以可持续发展理念做指导，立足长远发展来组织和实施学校当前的各项工作，并保持旺盛生命力的教育。可持续发展是绿色教育的核心，其人文价值重在强调与终身教育相结合，绿色教育的主体是科学教育和人文教育的交融，通过幸福的手段引导学生关照生存与生活的意义，培养科学和人文的精神，追求教育的灵性。它充分体现了"为学生而设计教学"的理念，体现了由重信息单项交流向多项交流转变，由评价体系的重结果轻过程向重视过程与关注结果相统一转变，由重课程管理过于集中向增强课程对学生的适应性转变。

绿色教育既意味着对生命的敬畏和关爱，又意味着教育必须观照学生的终身发展，同时还意味着教育者必须具有高尚的人格和无私的情怀。

第二节 绿色教育的现实意义

一、绿色教育顺应时代的要求

绿色发展，是将生态文明建设融入经济、政治、文化、社会建设各方面和全过程的全新发展理念。它强调的是人与自然、人与社会、人与人之间的和谐共生，蕴含的是简约朴素、返璞归真的自然本色，彰显的是风清气正、公平正义的文化环境。绿色教育是时代的呼唤，绿色发展已经是社会发展的必然趋势。国家"十二五"规划首次以绿色发展为主题，标志着中国进入"绿色发展时代"，绿色环境、绿色生产、绿色生活、绿色医院、绿色城市、绿色行政等一系列绿色行动应运而生。

现代教育应是科学教育与人文教育相融而形成一体的绿色教育。绿色教育的关键是突出时代特色，适应社会转型，培养适应社会的人。倡导绿色教育，是教育跟上绿色发展时代步伐、顺应社会绿色发展的需要。

2016年全国教育工作会议指出，以党的十八届五中全会提出的五大发展理念引领未来教育发展，强调"以绿色发展引领教育风尚"，意在解决教育的科学发展、健康发展和可持续发展问题。2016年12月，在首届中国绿色校园发展研讨会上，教育部学校规划建设发展中心发出《中国绿色校园发展倡议》，倡议教育战线的各位同仁以绿色发展引领教育风尚：创新发展，激发绿色校园发展动力；合作共赢，实现绿色校园技术协作；开放共享，促进绿色校园全面发展。打造"绿色+美丽"校园协同联动体系，为将学校建成运行中的绿色发展实验室奠定了坚实的基础。2017年3月，第十三届国际绿色建筑与建筑节能大会召开，中心副主任邬国强作的《绿色校园建设与展望》的专题报告进一步解读了绿色校园理念："让孩子在绿色环境中学习善待生态之道，这应当是每一个学校自觉的责任、应尽的义务，以及在未来必须完成的使命。各机构各高校应提高认识、统筹部署，把握可持续发展的时代脉搏，共同肩负起引领绿色发展使命的重任，不断推进和深化绿色校园建设。"在2017生态文明试验区贵阳国际研讨会上，中心主任陈锋强调了学校在绿色发展中的示范性作用。他表示，绿色发展对教育系统有着多重含义，学校在绿色发展中承担多重使命。

可以说，绿色教育特色建设顺应了时代要求，完全符合现代教育的发展趋势。大连市甘井子区教育局在此基础上明确提出了在全区创建特色学校的未来发展目标，也为我校的绿色教育特色学校建设提供了极佳的外围环境。

二、绿色教育是教育纵深发展的关键

绿色教育体现了新时代教育改革发展的必然趋势，是素质教育历经磨砺后脱胎换骨、不断完善提升后的形象表述。绿色教育是针对现代教育所面临的发展困境的解决之道，也可以说是科学发展观在教育领域中的具体体现，是实现教育科学发展的必然要求。绿色教育拨正违背教育精神的功利化倾向，使教育回归到"培养全面发展的人"和"人人享受教育"的基本追求上来。绿色教育要让学校和家庭教育者以"培养全面发展的人"为己任，让促进学生品格、情感的发展和考试成绩的提升一样受到重视并得到执行。

绿色教育是将生态文明建设融入教育，它是传统文化和现代教育的完美融合，是一切先进的、科学的和鲜活的教育实践的总和。绿色教育积极适应现代社会文明、进步的发展需求，突出时代性、发展性，是一种以可持续发展理念做指导，立足长远来组织和实施学校教育工作，适应社会发展需求、促进社会发展的教育。把绿色发展理念融入学校办学过程，融入人才培养环节，融入校园建设与管理，在校园空间绿化和研究绿化中，找到精确平衡。

当前存在着"三高两低"现象的教育迫切需要践行科学发展观，实现中国教育的"战略转型"，迅速转变发展方式。因为教育消耗的不仅仅是国家投入的设施设备和教育经费，更有师生自身宝贵的时间。时间是世界上最宝贵的不可再生资源，如果我们不努力提高教育活动的单位时间效益，则无异于浪费师生宝贵的生命。高投入、高消耗势必导致高污染。学习内容的单调、学习方式的粗放、发展目标的单一，这种以牺牲学生身体健康和幸福快乐为代价的粗放型的教育发展方式，严重影响了一代人的身心健康和幸福成长，甚至这种污染是可持续的。

2012年3月，吉林省教育学院农村教育研究所所长、中国教育报驻吉林记者站副站长赵准胜在"绿色教育理论研究与实践探索"的座谈会上发表了自己的观点：绿色是教育之魂。他说："绿色教育办学理念是教育探索的结晶，其中蕴含着对素质教育的提炼和升华、对童年生态危机的观照、对功利性教育的诘问……"这段话充分彰显了绿色教育的价值取向。

可见，教育不仅步入了绿色时代，而且正向着绿色深度发展。今天，我们站在大教育观的角度审视绿色教育，绿色教育应该是自然、平和的教育，应该是至真、至善、至美的教育，应该是具有人性光辉的教育，应该是每个教育工作者在教育的历程中超越自我、感动自我的教育。

第三节　创建绿色教育特色学校的思想储备

一、学校要办出各自的特色

特色，指的是事物所表现出的独特的色彩、风格，是独具特点的或与众不同的。

现代战略管理理论认为，差异化和集中度是组织的基本竞争战略。而差异化和集中度，实际上就是"特色"。差异化，是指组织提供的产品或服务区别于对手的、特别的、独到的构思和做法，因此差异化就是"特色"。集中度，是指要么做大做全，"遍地开花"，要么集中一点。而无论做出哪种选择，相对于另外一种就是有区别的，有独到之处的，因此集中度也可以认为是"特色"。

特色是一所学校个性品质长期积淀的结果。傅国亮先生说："特色就是个性，个性就是特色。"这应该是特色学校的核心要素或者说核心理念。美国著名学校教育研究权威约翰·古德莱德教授说："学校是不同的，但学校教育在哪里都是一样的；学校在它们的管理系统和人际关系上是不同的，但学校教育在任何地方都是大同小异的。"每一所学校都是潜在的特色学校。特色学校可以是多数的学校，甚至是全体的学校。特色学校不具有唯一性。

中小学要"办出各自的特色"，这是《中国教育改革和发展纲要》明确提出的要求。追求特色是现代学校教育改革与发展的必然要求，是深化素质教育的有效途径，是抢占教育发展制高点的重要策略。《国家中长期教育改革和发展规划纲要（2010—2020年）》为国家的教育发展确立了新的指导思想。其中之一便是打破教育"大一统的局面"，突出学校教育的"办学特色"，要"给学生提供适合的教育"。

所谓特色学校，著名教育学者孙孔懿的看法是：办学主体刻意追求、逐步实现的学校工作某一方面特别优于其他方面，也特别优于其他学校的独特的、稳定的品质。

重庆教科院胡方在《人民教育》上发表的文章为特色学校下了一个定义：特色学校是指在先进的教育思想指导下，从本校的实际出发，经过长期的办学实践，形成了独特的、稳定的、优质的办学风格与优秀的办学成果的学校。用简洁的话来说，"特色学校就是个性化的学校，是认识和优化了个性的学校"。

我们认为，特色学校，是具有个性的、整体的、综合的学校文化模式，它不是主观臆想的、别出心裁的东西，而是学校在贯彻党的教育方针实施素质教育的过程中，在一定的客观条件下，经过长时间的主观努力、探索、积累，形成的办学风格和独具一格的学校文化。特色学校是在长期办学实践中，形成了独特的整体风貌和显著的育人效益的学校。特色学校是校本的自然产物，是符合学校发展实际需求，反映学校自身特点，经由学校长期努力形成的相对稳定且具有一定美誉度的学校实践行为。独特的整体风貌和显著的育人效益，是特色学校最本质的内涵，是创建特色学校的出发点和归宿。一所学校如果没有个性，就没有特色；一所学校如果没有特色，就很难有很大的发展。一所拥有真正特色的学校，就是一所个性化的学校，办学个性化是学校的追求。

学校办学特色可以分为初创阶段和成熟阶段。初创阶段是指学校工作某一方面特别优于其他方面，也特别优于其他学校的一种办学业绩，属于工作层面的办学特色，具有局部性和发展性特征；成熟阶段是指一所学校在长期的教育实践中所创造和积淀下来的一种办学风格和文化传统，属于思想层面的办学特点，具有整体性和相对稳定的特征。

办学特色抽象层次上的内在标准：教育者在实施教育的过程中所表现出来的独特、优质、稳定的教育特征。换言之，独特、优质、稳定是学校办学特色的内在标准。

独特：学校办学特色既可以表现为"人无我有，人有我优，人优我精"，也可以表现为"人多我少，人有我无"，强调"有心"和"创意"。特色学校是独特的，但不是唯一的。不管是缘于个性的因素，还是某种资源的因素或某种文化的因素而"生长"的特色学校，这种独特性不能理解为唯一性，即特色学校的"特色"不用必须是唯一独特的。

优质：办学特色必须以保证质量为前提，培养的人必须是符合教育方针和教育目的的，体现社会发展需要的、有适应能力的优秀人才。优质性是学校特色的基本属性，也是学校特色的决定性因素。正是有了优质性，学校特色才会得到公众的承认和同行学校的仿效，才会显示出强大的生命力。

稳定：学校特色是学校领导和全体员工在某一方面长期有计划、有步骤，坚持不懈努力的结果。学校特色在其探索、实践、完善的过程中，尽管办学者需要不断修订方案，但其宗旨和最终目标应当是清晰、稳定的。新校长上任时，保护学校特色，正确地把握继承和创新的关系非常重要。

另搞一套，对原有学校特色将产生毁灭性的打击。

特色学校更多的是着重于文化层面和精神层面的发展，特色学校最深层的追求是人的发展。特色学校追求的是"与众不同""难以模仿"且长期保持的竞争优势，改变原有的同质化发展状态。特色学校体现的是学校独特的整体风貌，它由诸多要素构成，其中独特的办学思想、特色的教师群体、高水平的特色项目、个性化的学校文化是主要要素。特色学校既要有鲜明的特色，又要有全面发展的扎实基础。

特色学校既具有多样性，又具有统一性。

特色学校的建设是打破"千校一面"的多元发展之路。特色学校既是个性化学校，又是多样化学校。个性和多样性实际上是同一个意思、同一个概念，它只不过是一个问题的两面：个性就是多样化，多样化就是个性，讲多样化，必须是各有个性才会多样化；承认个性，众多个性的逻辑结果必然是多样化。

特色学校又有统一性，这个统一性就统一在我们基础教育的办学目的、办学目标上。我们办特色学校不是为了特色而特色，而是为了更好地推进素质教育，为了更好地实现育人的目标。所以在基础教育阶段，既要注重中小学生知识的获得，又要关注中小学生精神的成长。对于中小学生来说，对他一生起作用、影响他一生的不是某一种技术、知识和技能，而是他的精神世界，是他的信仰、价值观和感情，是这些东西决定他的一生发展和幸福。特色学校应该是通过"学习"教给学生思维方式的发展和精神的成长，否则我们办特色学校就舍本求末了。

追求学校发展特色是现代学校教育改革与发展的必然要求，是深化素质教育的有效途径，是抢占教育发展制高点的重要策略。特色学校的普遍建设必将加快推动实现我们追求的教育公平，意义不可小觑。特色立校、特色强校、特色兴校，已经成为教育工作者的共识。学校之间的竞争永远都是软性的，其竞争客体是人才素质、学校形象、师资力量等文化元素。良好而独特的公众形象直接关系着学校的生存和发展，而学校特色是树立良好而独特的学校公众形象的上佳渠道。合理并充分利用学校的既有资源，发掘并扩大优质资源，才可能在国家有限的教育投入下吸引更多的优质的教育资源，促进学校更好发展。

办学特色的重要性在于其不仅是学校的一个重要标志，也是学校核心竞争力之一，还是关系到学校生存和发展的重要因素。特色学校可以激发学校办学的活力、办学的自信。

二、遵循规律建设绿色教育特色学校

（一）认识自我，优化资源

特色学校是具有个性的、整体的、综合的学校文化模式。它不是主观臆想的、凭空产生的、别出心裁的东西，也不是对他校做法的简单移植或模仿，而是学校在贯彻党的教育方针实施素质教育的过程中，在一定的客观条件下，经过长时间的主观努力、探索、积累，形成的办学风格和独具一格的学校文化。它是根植于学校自身改革与发展的实际需要，经过自我认识和优化本身独具的资源，把握学校显在或潜在的办学资源，着眼学校过去的传统以及今天的挑战和未来发展的前景等，做出符合学校发展的战略性选择。

学校特色的创建受学校已有的文化、师资力量等诸多因素的影响，特色需要培育、孵化，需要为他人所认知，需要具有学校名称般的符号意义。一所学校特色的定位，一方面要取决于学校办学现状，要依据已有的办学积累和特色资源，同时更要分析国际国内的教育形势，依据国家民族对人才的需求，依据未来社会的发展需求。

特色与务实是紧密结合在一起的，我们平时说，什么是最好的教育，适合学生的教育就是最好的教育。学校发展的道路也是同一个道理，适合学校个性发展的道路才是最好的道路。特色创建要从学校的实际出发。离开学校发展需要，特色也就失去了存在的意义和价值。当找到了学校个性的优势、个性的资源之后，也就找到了适合学校发展的道路，那么，这个学校的活力就被激发了，这个学校的面貌就改变了，甚至这个学校的命运都改变了。这里需要两个眼光，一个是世界的眼光，一个是历史的眼光，只有用这两种眼光看教育，才能看清世界基础教育发展到了什么水平，才能明确知道中国的基础教育在世界上处于什么位置,从而找到本校在中国基础教育中处于什么水平,发展的方向在哪里。

经过多年的教育实践,"绿色教育"特色建设在我校已见雏形,我校在校园环境文化建设、教师队伍建设、课堂教学改革、德育建设、校本课程建设等方面进行了卓有成效的探索,取得了一些成绩。

1. 校园环境文化的内涵不断丰富,环境育人的成效不断凸显。学校通过大力推进校园环境艺术化工程,打造绿色的物质环境和人文环境,以达到"环境育人"、陶冶学生品格、营造"隐形课堂"的目的。学校被评为"辽宁省中小学校园环境艺术化工程先进学校""辽宁省和谐校园"。

2. 教师队伍素质的不断提升,推动了教育教学质量的提高。学校大力提倡"以德养教,以德促教",广泛开展师德建设活动,以此引领、规范教师的教育教学思想和行为。同时,学校实施了有效促进教师成长的校本研修"六动工程":课题牵动、教研互动、骨干带动、校际联动、网络互动、读书促动,促进了教师队伍的健康良性发展。

3. 全新的课堂理念,产生了高效的课堂质量。课堂教学改革的核心价值之一就是要打造高效课堂,为此,学校先后进行了"美在课堂"课题研究和"课堂上的研究性学习策略"课题研究。高效的课堂研究产生了高效的质量,学校连续多年荣获甘井子区"最佳教学管理奖"和"最佳教学成绩奖",并得到学生家长和社会的一致好评。

4. 德育内涵的不断深化,使德育实效日益显现。学校深入挖掘德育工作内涵,探索德育工作新途径,并将理论研究和实践相结合,在不断完善和创新底线育人、评价激励、活动育人、故事育人、读书启迪育人、经典诵读、管理育人等德育途径和方法的基础上,深入开展德育课题研究。校园里学风浓、校风正,许多学子慕名而来,毕业生因其良好的品德习惯被各学校争相录取。

5. 校本课程的特色发展,丰富了学校的内涵发展。学校把中华古诗词鉴赏课作为学校校本课程必修课,又确定了20多门选修课,自主开发课程。

所以,我们继续夯实绿色教育基础,进一步探索建立科学完善的绿色教育精神文化体系、目标体系、评价体系，探索丰富有效的实施策略。

教育部学校规划建设发展中心将绿色发展作为重要战略支点，绿色校园建设是不可替代的关键。我们倡导实施绿色教育，是中国教育跟上中国"绿色发展时代"步伐、顺应社会绿色发展的需要。当今中国正站在从人力资源大国向人力资源强国迈进的新的历史起点上，人力资源是我国经济社会发展的第一资源，教育是开发人力资源的主要途径。只有教育得到绿色发展，经济社会的绿色发展才能得到可靠的人力资源保证。

考虑到当代教育所直面的两重发展主义困境，绿色教育在当代应该承担促进社会健康发展和扭转教育发展路向的两个基本使命。

绿色教育是全面发展的教育，它关注教育的全面性和教育的个性化的完美结合。绿色教育理念是我们在践行素质教育过程中，通过亲身实施、体验和感受教育过程，发现教育问题，解决教育问题时想到的。

创建绿色教育特色学校是一个非常有意义的命题。创建的过程，就是一个以党的教育方针为指导，以素质教育贯穿始终，为受教育者提供优质教育资源，办人民满意的学校的过程。我校力求遵循特色学校的发展规律，努力打造绿色教育特色学校，以"绿色的教育"追求"教育的绿色"。

（二）规范办学，全面发展

特色创建离不开扎实的常规工作。教育教学工作是学校的中心工作，学校切不可单纯抓特色，为了拿牌子、创荣誉而本末倒置，甚至以牺牲教学质量、牺牲学生利益来换取，否则必然使学校偏离正常的办学轨道。特色是一所学校教育教学工作开展到一定阶段、发展到一定水平所形成的具有一定特点和优势的某方面工作，是自然孕育并逐步形成的，不能为争创而争创，硬搞出一些特色来。管理者要根据学校的优势，在抓好基础工作的前提下适当开展特色活动，才能促进学生全面、和谐地可持续发展。学校要在规范办学基础上发展特色，特色是在规范办学中就某一教育要素的拓展与丰富，是在规范基础上的个性优化，以此推动学校整体办学水平的提高，不能以牺牲学校整体中的部分要素为代价。

基础教育要面向全体学生，促进每个学生德、智、体、美、劳等素质的全面发展，为学生的终身发展奠基，实现规范办学。但是强调办学的统一性，并未排斥办学的多样性。在坚持统一性与多样性相结合的原则下，成千上万的中小学努力创建特色学校，努力打破千校一面、千人一面的划一格局，追求学校的特色化和学生的个性化。我国中小学特色化发展，与国外中小学个性化、特色化的发展趋势是一致的，关键是对特色学校的内涵要有一个正确的认识，有了这个前提，其表现形式才会万变不离其宗。

特色学校不是偏科发展，或者说特色学校不是偏科学校。有人质疑特色学校，认为在义务教育阶段，教育的宗旨应该是全面育人、全面发展，不宜提倡办特色学校，因为办特色学校就容易发生偏科，造成育人上的片面发展。我们认为这种顾虑也不无依据。但从特色学校的本义上来说，所谓的质疑和特色学校的建设与发展是不同的。第一，我们所主张的特色学校的发展的基本方针是全面发展，而不是离开了全面发展的基础和前提而去片面地发展某一个特色。第二，我们办特色学校的成功经验都表明，办得好的特色学校都是既有鲜明的特色，又有全面发展的扎实基础，特色和全面是相辅相成的，辩证统一的。第三，在特色学校的建设和发展工作中，我们始终注意避免和纠正偏科发展的倾向。

特色学校不等于全校学生被"一刀切"地发展同一特长。特色项目建设中的"一刀切"现象需要正确地认识。有些学校划一地要求全校所有学生训练同一项目，发展同一特长，这样做，"学校特色"是发展了，但是学生个性发展被遏制了。学生个性发展应当是自主的、多样的。有些学校在多个特色项目发展中着重打造某一项目，使学生个性得到自主发展，学校特色也得到充分体现。所以，在倡导"一校一特色"的发展理念时，应当从学生的兴趣和爱好出发，因材施教，切忌步入"一刀切"的误区。

教育应该是一个丰富多彩、综合立体型的育人工程，不是简单的数字和单纯的升学。创建特色学校，就是让学校发挥优势，使每一所学校都有展示特长的机会，从而达到新的教育公平。

（三）长期积淀，相对稳定

特色学校体现的是学校独特的整体风貌，它由诸多要素构成，其中独特的办学思想、特色的教师群体、高水平的特色项目、个性化的学校文化是主要要素。它是在相应办学理念的引导下长期实践的结果。

特色建设是一种对教育理想的追求过程，它的必要性与可行性都必须是经过认真研究，而非自然形成的。同时，这种建设还要有规划，有部署，避免行动上的随意性。

特色学校不是一朝一夕就能形成的。特色是一所学校个性品质长期积淀的结果，它需要长期以来形成的传统和风格做铺垫，需要凭借原有的基础，继承光荣的传统，发扬已有的风格。特色创建需要等待，特色创建需要预设，但更是一种自然的形成与积淀，不可能一蹴而就。没有时间的延续、经验的积累、文化的沉淀，就难有学校的办学特色，因此在推进学校特色创建的过程中，学校管理者要有一种宁静的心态，要有守得云开雾散的耐心。要有计划性、可行性，不能好高骛远、不切实际，不能为创建特色而创建特色。要有长期的思想准备，不能搞突击行为。短期行为不可能成就特色，而只会是过眼烟云。它更需要经历多年积淀，促使师生认同特色文化并使之顺应、放大、增值，才能渐渐形成特色文化。

能够称之为学校特色的事物总是相对稳定的。学校办学特色一旦形成，就需要相对稳定，在后续的学校管理和教育教学中不断加以改进，并逐渐走向完善。事实证明，学校领导班子的不断调整以及调整后办学定位的中断，不利于办学特色的形成。如果以校长的喜好来决定学校的特色创建，一味地为了求新而摒弃传统，这种特色是没有生命力的，这种创新也是没有根基的。创建特色学校是一个持久追求办学独特性和优质性的过程，有些成就显著的特色学校，往往历经几任校长持续性的打造。那些换一任校长就更换一个特色，甚至一任校长就更换几个特色项目的做法不可取。特色需要历时，需要固化，需要稳定。当然，稳定是相对的，创新才是绝对的，要摆正稳定与创新的关系。建立在稳定基础上的特色创新是要提倡的，但用朝三暮四以显示不断创新的学校，是目光短浅的。

绿色教育特色学校，包含外显和内涵两个方面内容的和谐统一。外显包括校园环境的优美和谐、学生精神面貌的张扬等，内涵包括师生关系的和谐，教育方法、教育手段的和谐等。

我校在"十五"和"十一五"期间，在"营造和谐环境，践行素质教育，注重个性发展，培养创新精神"办学理念的指导下，先后进行了"养成教育研究""校园文化建设研究"，在全校师生的共同努力下，学校的教育教学事业取得了突飞猛进的发展。在"十一五"末期，经过提炼和升华，学校初步生成了"人文、民主、和谐、活力、可持续"的绿色教育办学理念。这二者是一脉相承的，又是层进式的。学校前期的建设和教育教学成绩的取得为我校打造"绿色教育"特色学校奠定了良好的物质和文化基础。

（四）战略思考，系统规划

一所有特色的学校一定有自己鲜明的办学理念，它凝聚了这所学校的个性风格、文化品位和人才培养等特色，这些是一所学校办学理念全方位的物态化，学校的办学理念，像血液一样流淌在学校工作的方方面面，包括管理方略、校园文化、教育教学等。学校办学，关键是要找准定位，确立发展的主题。

学校的办学特色要有自己的思想，有自己的理念，有独特的举措，为全校师生所认同，形成传统。关键是从问题入手，研究特色，克服弊端，反映需要，根据特点形成特色。我校以"营造和谐环境，践行素质教育，注重个性发展，培养创新精神"为办学理念，这一理念和绿色教育的思想是一致的。实施绿色教育是全面贯彻党的教育方针，全面落实素质教育的具体体现，是践行素质教育的至上、至高追求。

学校特色建设的核心目标是人，就是要培养富有活力的学生，造就有自生力的教师，建立"人文、民主、和谐"的学校管理文化，这与绿色教育理念是完全契合的，所以我们要实施绿色教育，进行特色建设。这项工作是一项具有务实性和前瞻性的大工程，它需要统筹规划，分步进行。在经过前期的特色理论、特色意识建设之后，再把特色的教育思想转化为教育行为。我们具体将其分为两个时期："十二五"为创建绿色教育特色学校时期；"十三五"为深化绿色教育特色学校时期。创建时期分为三个步骤实施：一是挖掘自身优势，确定特色项目；二是整体思考，精心设计，处理好学校特色创建和特色项目与学校全局工作的关系；三是实施策略，定期评估，不断反馈，使特色学校建设走上动态的、持续的、层进式的健康发展之路。深化时期围绕"绿色校园、人文课堂、智慧队伍、魅力活动"四个主题深入实施绿色教育，制订了《大连市第十四中学"十三五"发展规划》，确定发展目标，制定发展策略，全面实施绿色教育。

依据《国家中长期教育改革和发展规划纲要（2010—2020年）》就素质教育的推进提出的三方面的指导思想——德育为先，能力为重，全面发展，依据杨叔子院士提出的绿色教育要弘扬人文、激活灵性，实现科学与人文的融合，依据国家"十二五"规划首次提出的"以绿色发展为主题"的思想，学校确立了"绿色教育"的办学特色，明确了"人文、民主、和谐、活力，关注学生发展的可能性，关注学校发展的可持续性"的教育理念，提出了"创建人文民主的和谐校园，活力创新的自主学园，自强自信的展才乐园"的办学目标，制订了特色建设三年发展规划。我校的办学理念的确立，为绿色教育的积淀指明了方向。

我们把绿色教育的基本理念具体诠释为：学校管理必须关注学生、教师及管理层的共同成功；关注师生、学校的可持续发展。这种管理，既要建章立制，又要给教师以人文的关怀；既要提高教师的专业化程度，提升教师的教育品位，又要把学校建设成师生共同的精神家园。同时，它又以师生的发展为本，把师生看成完整的生命体，尊重他们的内心需求，通过唤起需要、激活行为动力以及适时适度的奖酬激励，引领师生为自己的成功而努力。

绿色教育中的老师——真爱、博学、民主、和蔼，关注每一个学生的终身发展，育德与育才兼顾，善于从细微入手，用积极的"蝴蝶效应"激发学生发展的可能性。

绿色教育中的学生——自主、自强、活力、创新，在和谐发展中逐渐自觉提高自我学习能力和自我教育能力。

绿色教育中的课堂——开放、灵动、智慧、和谐，科学精神和人文精神有机融合，师生关系优化，生生关系和谐。

绿色教育中的环境——美化、绿化、净化、文化，让人有心理愉悦感和心理安全感，在潜移默化中受到感染和激励。

为此，学校遵循"文化是行为的精神支柱"和"环境是育人力量"的科学理论，以"绿色教育"理念为引领，利用现代化的教育技术，追求人与自然的和谐，创造性地设计绿色校园文化，开展各项绿色教育研究，促使全校师生成为高素质的读书人，成为崇尚自由、平等、正义，追求真、善、美的现代文明人。

绿色教育特色建设的研究，本着以人为本的思想，借鉴国内外相关教育思想，探索学校绿色教育的内涵和基本的操作理念、操作途径。在不断明确内涵的同时开展学校"绿色校园环境文化""绿色教师队伍建设""绿色生态课堂教学""绿色生态德育建设""绿色校本课程体系建设"等方面的实践研究，在实践研究中完善绿色教育的思想，丰富绿色教育的理论，形成学校办学特色，提升办学品位。

要办什么学校，一个根本的东西就是教育的目标，这个教育的目标，我想用一位教育专家的话来表达："教育的目的就是使人活得智慧、道德和幸福。"这应当是我们一切教育工作和教育活动的出发点与终极追求。

（五）系统联动，形成合力

特色创建需形成合力。所谓合力，一是指学校内部的人要统一思想，统一认识，特色教育的办学思想，要人尽皆知，不单是校长、领导班子知晓，还有教师、学生、员工，甚至还要进行大讨论和论证。对于绿色教育办学特色的确定，我们就面向全体教师进行了论证和引领，在全校范围内开展大讨论，开展论坛活动，教师们大谈"我对绿色教育的认识"，通过讨论，统一思想，形成合力，步调一致，共同致力于绿色教育的实施。二是指绿色教育实施策略之间的相互联系和相互促进。文化引领是实施绿色教育的前提和基础，为绿色教育指引方向和营造良好的舆论氛围；队伍保障是实施绿色教育的人的因素，绿色教育需要一支有理想信念、有高尚情操、有较高专业素养、有创新进取精神的教师队伍，这是实施绿色教育的有力保障，同时绿色教育又为培养这样一支队伍起到了积极的推动作用；课堂是绿色教育的主阵地，一切的改变都要从课堂开始，绿色教育的理念、思想，都要通过课堂教学的目标制定、授课方式转变、师生关系变化等方面体现出来；课程开发和建设是绿色教育的支撑，构建特色学校的核心在于形成具有特色的学校文化，而课程文化又是学校文化的核心，因为课程承载着主要的育人功能，课程所承载的核心观念对绿色教育起主导作用；立德树人是教育的根本任务，绿色教育的培养目标就是德智体美劳全面发展的社会主义建设者和接班人，这一任务的实现要贯穿于教育教学活动的始终，因此德育是牵动绿色教育的一条主线，一条核心线。我校绿色教育的文化引领、队伍保障、课堂突破、课程支撑、德育牵动五大策略相互联系，相互支持，形成合力。三是学校特色绝不是指少数人具有某种技能和本领，而是指全体学生的身体、心理、智能、道德、审美、劳动交往素质的全面提高；也不是指学校一个系统，而是家庭、学校、社会和被教育者诸系统的综合。所以应以点带面，最终使学校工作在整体上、全方位地反映出这种特点，使学生、学校实现整体优化。学校应构建与特色创建目标和主题相一致的浓厚的校园物质文化和管理文化氛围，让师生人人参与到特色创建工作中来，而不是搭建少数师生施展才华的平台。特色创建要充分考虑学校所处的地域文化背景，积极地把特色创建融入当地的社会文化背景中去，充分整合当地的文化资源，拓展学校特色创建的空间。只有这样，学校的特色才有生存的土壤和持久的生命力。在创建特色学校过程中，应该是大多数学生参与，甚至是全体学生参与，对所有学生的发展都有促进作用。那种只有少数学生介入的特色项目，层次虽然高，但只能是拥有特长学生，而不能冠以"特色学校"称号。因为这种少数学生参与的行为，不可能对学校整体工作形成有力的推动。

第二章 文化养人——积淀绿色教育学校文化

第一节 学校文化是潜移默化的教育力量

一、关于校园文化

（一）学校文化的内涵

什么是文化？中国学者刘光明先生在《企业文化》一书中认为，文化是一系列习俗、规范和准则的总和，起着规范、导向和推动社会发展的作用。

卢梭在《社会契约论》一书中认为，文化是风俗、习惯，特别是舆论。它有三个特点：一是铭刻在人们的内心；二是缓慢诞生，但每天都在获得新生力量并取代权威力量；三是能够维持人们的法律意识，激活已经疲软的法律或取代已经消亡的法律。

什么是学校文化？黄济先生等主编的《小学教育学》认为，学校文化是指由学校成员在教育、教学、科研、组织和生活的长期活动与发展演变过程中共同创造的、对外具有个性的精神和物质共同体，如教育和管理观念、历史传统、行为规范、人际关系、风俗习惯、教育环境和制度以及由此而体现出来的学校校风和学校精神。

概括诸多学者的观点，我们认为，学校文化指的是学校办学过程中涉及精神创造活动及其成果的所有内容，包括了学校中所有的软硬件。校园文化是学生群体赖以求学、生活、社交的环境，它是以文化形态参与的非强制性教育手段，其特点是通过创造一种教育的环境，影响教育的效果，以不知不觉的、潜移默化的情感陶冶、思想感化、行为养成的方式，达到教育的目的。学校里的任何一种教育手段，都只能部分地完成部分的教育任务，要最充分地发展和提高学生的各方面的素质，必须在整个教育过程中充分运用各有所长的教育手段，并使之构成一个相互配合、互为补充的教育系统——校园文化。

现代学校文化建设是学校建设的重要组成部分，是整合教育资源、实施素质教育的突破口和制高点，是学校深层次、高品位的建设。说它是深层次的，是因为它不仅涉及人的行为，而且从价值观这个深的层面引导人、塑造人，使人学会正确处理自我与他人、与自然、与民族、与国家的关系，从而学会怎样做人。说它是高品位的，是因为它是智能发展的超越，不局限于具体地规范人的行为，而是以高尚的民族精神培育人，促使人形成健全的人格，提高人文素养，熔铸民族的生命力、创造力、凝聚力。文化是行为的精神支柱，学校文化是学校精神和物质的最终积淀，是学校全体师生共同的价值追求和行为准则。冯骥才说："文化承担的责任就是使人们精神幸福。如果把教育比作一个坐标系的话，教育质量代表教育的效度，多元课程代表育人的厚度，学校文化则代表教育的高度。"

一般来说，文化哲学把文化结构区分为物质文化、制度文化、精神文化三个层面。三个层面的关系是，校园物质文化是办好学校的基础，校园制度文化是办好学校的保障，校园精神文化是校园文化的核心。

（二）学校文化的外延

学校文化是学校所具有的特定的精神环境和文化氛围，它既包括校园建筑设计、校园景观等物化形态的内容，也包括学校的校风、人际关系、心理氛围以及学校的各种规章制度和学校成员在共同交往中所形成的行为准则和价值追求。

校园文化包括：物质文化，即由校园文化物质条件构造的教学科研、生活的设备、设施、房屋等；制度文化，即由校园文化的组织、机构及其规章制度确定的制度文化；精神文化，即由校园文化创设的思想与心理氛围。

1. 校园物质文化是办好学校的基础

物质文化实际是指人在物质生产活动中所创造的全部物质产品，以及创造这些物品的手段、工艺、方法等。校园物质文化，主要是指学校里的教学设施、生活资料，如教室、实验室、办公室、图书馆、运动场及其他的内部设施，它是显性的、表层的校园文化表现形式。

校园环境是一个学校非常重要的组成部分，也是学校用来彰显自己校园文化内涵的重要载体。校园的花圃、树木等其他环境，既是校园教学活动的场所和设备，又体现学校所独有的文化特征，它以其独特的风俗和文化内涵，影响着师生的观念、行为。

2. 校园制度文化是办好学校的保障

制度文化是人们为反映和确定一定的社会关系并对这些关系进行整合和调控而建立的一整套规范体系。校园制度文化是根据学校的实际，为了保障学校教育的发展，制定的各项规章制度以及层次的组织机构，它是显性的、中层的校园文化表现形式。校园制度文化作为校园文化的内在机制，包括学校的传统、仪式和规章制度，是维系学校正常秩序必不可少的保障机制，是校园文化建设的保障系统。"没有规矩，不成方圆"，只有建立起完整的规章制度规范师生的行为，才有可能建立起良好的校风，保证校园各方面工作和活动的开展与落实。

规章制度和组织结构的管理对象是人，通过学校的各级组织结构和规章制度来规范人的行为，是约束人的行为的重要措施。学校教育要发展，离开严格科学的规章制度，脱离高效、严密的组织结构是不可能的。

制度靠人执行，所以仅有完整的规章制度是不够的，还必须有负责将各项规章制度予以执行和落实的组织机构和队伍。组织机构建设和队伍建设确保了制度建设落到实处，使其真正起到规范校园人言行的关键作用。校园文化组织机构的健全和完善，校园文化队伍的勤奋与能干，对正常开展校园文化活动，加强校园文化建设，具有十分重要的、决定性的作用。

3. 校园精神文化是办好学校的核心

精神文化也称为观念文化，是以心理、观念、理论形态存在的文化。学校精神文化即学校教育理念层面的文化构建，是学校师生的精神动力和纽带。它包括两个部分：一是存在于人心中的文化心态、文化心理、文化观念、文化思想、文化信念等；二是已经理论化、对象化的思想理论体系,即客观化了的思想。精神文化是学校文化建设的核心,而学校核心价值观是学校文化发展的灵魂,决定着学校的发展方向和发展模式。一个学校的成长,更多的是取决于"学校精神"的塑造。

学校的精神文化形成学校的文化力,而"文化的力量"是推动教育进步和学校发展的核心动力。学校文化建设的关键并不在于文化形式本身,而在于努力提升学校文化力,真正使文化成为展示学校独特形象、凝聚学校师生心志、推动学校创造性发展的巨大能源。学校文化力主要表现为学校群体所共同具有的思想观念、价值取向及其行为方式,表现为学校文化对学校群体所有成员所产生的认知力、导向力、凝聚力、整合力、推动力、约束力,以及对社会公众所产生的识别力、辐射力、感染力甚至征服力。学校文化力是学校文化在校内外的力量体现。用高尚的精神塑造人,达到培育新人、振奋精神、完善道德、提高素质的目的,追求教师、学生、家长与学校同步成长的价值观,追求一流管理、一流质量、一流服务、一流形象的理念,追求团结协作、共同发展的团队精神,以学校精神文化力量不断推动学校的全面发展。

校园精神文化,是校园文化的最高层面,这一层面又有许多不同的方面:

(1)学校的奋斗目标。学校的奋斗目标是为广大师生员工认可认同的学校目标,是全体员工一致努力为之奋斗的预期结果。学校应该根据学校的实际,组织广大教职员工制定奋斗目标,学校的奋斗目标应是办学思想的精髓、生存的条件。在落实目标的过程中,学校目标应该逐步为广大师生员工认可、认同,逐步成为全体成员的共识,成为学校工作的凝聚点。

(2)学校精神与作风。学校精神与作风是在学校办学思想的指导下,为实现学校目标而逐步形成的一种团体成员共有的工作态度和行为活动方式。学校通过各种方式不断同化、强化所有师生员工的这种精神和作用,特别是通过共产党员、共青团员、全体干部和全体骨干的表现,来培养这种精神与作用,以领导模范行为和情绪感染激化这种方式,来推广学校的行为规范,发挥精神形态的校园文化的规范功能。

(3)学校礼仪。指学校按照一定传统习俗创立并在长期学校生活中要求员工共同遵守的礼节和举行的固定性文化仪式，是集中的、形象化的文化实践活动。一所学校，必须形成固定的礼仪形式，以激发和强化师生员工的文化意识，使大家受到浓烈的感情熏陶，产生归属感和自我约束力。全校师生员工都必须遵循学校礼节的要求，实质上，校园礼仪是在学校目标、价值观念和精神作风的指导下，沿袭而形成的学校文化传统形式，是礼节、仪式化的价值观念。

华东师大陈玉琨教授曾说："改变一个学校首先要改变它的校园精神，改变一个教师首先要改变他的价值追求，改变一个学生首先要改变他的人生目标。当我们深刻理解这几句话的内涵时，就应该知道什么叫管理了。""只有优秀的学校文化才能孕育出优秀的学校教育"这一观点，已得到全社会的广泛认同，而学校文化力的构建也日益成为学校核心竞争力建设的重要组成部分。一所学校，即便是拥有良好的文化元素，也并不等于它就一定拥有良好的文化力。只有学校成员能创造性地、有效地开展学校文化建设，使学校形成良好的文化精神，才能够促进学校文化品位的提升和发展目标的达成。

一所学校的成长，更多的是取决于"学校精神"的塑造。物质文化建设、精神文化建设和制度文化建设这三个方面建设的全面、协调发展，将为学校树立起完整的文化形象。温馨和谐、开放自然、平等民主的文化氛围和生态良好的校园环境，让学校里从物质环境到人文精神，都能体现对师生身心健康的关怀和关照。

二、学校文化最基本内容

一个健全的学校文化系统应当至少包括学校战略、学校理念、学校行为、学校视听觉、学校文化网络五部分内容。

学校战略，主要包括学校发展战略和战略实施与管理两个部分。应当有基于环境、资源、能力、组织等对象科学分析制定的学校自身的发展战略、实施方法等。

学校理念，是学校办学的核心，是学校意识形态的总和，具备俯察学校现实、统领并指导学校行为和视听觉的功能，是学校的"上层建筑"。该系统一般内含应用理念和非应用理念两个部分。前者是学校基本价值观，包括教学理念、课程理念、育人理念、培养目标、服务理念、管理理念、校训、师训、生活信念等，后者是学校的事业取向，包括核心理念、发展目标、社会使命、道德规范、经营思想、办学模式等。

理念层建设是学校文化建设的核心，而学校核心价值观是学校文化发展的灵魂，决定着学校的发展方向和发展模式。一个学校的成长，更多的是取决于"学校精神"的塑造。它既包括校园建筑设计、校园景观等物化形态的内容，也包括学校的校风、人际关系、心理氛围以及学校的各种规章制度和学校成员在共同交往中所形成的行为准则和价值追求。学校办学过程中涉及精神创造活动及其成果的所有内容，包括了学校中所有的软硬件，是以核心价值观为主导的学校精神、风气、制度、行为和环境等要素的集合体，是学校办学实践中的教育观念、办学品位和特色追求的积累与总和，是学校发展的重要战略和必然选择。

学校行为是以学校理念系统为基础并为实现学校理念服务的，是学校师生在科学世界和生活世界中所从事的活动的规范，包括组织机构、各项规章制度、仪式、公众形象、核心层形象、教师形象、教师培训行为、学生形象、学生奖励行为、公共关系、危机管理等。它是学校经营风格、精神面貌、人际关系的动态体现，也是学校精神、学校价值的折射。

学校听觉包括校歌、铃声、课间音乐、掌声、口号、校广播站和电视台的听觉设计等。学校视觉是学校文化的静态识别符号，它以视觉传播为载体，将学校文化、学校规范等语意转换为具体符号，应用在视觉的展开和行为展示，进而提升为学校文化的共识。它的一个重要目的就是通过学校视觉元素在学校物质文化中的规范应用，尽可能地将学校的个性强调出来，以便迅速扩大影响，在学校内部成员和公众中拥有清晰的形象。

学校理念（学校精神、校训、校风、教风、学风等）、行为（师生行为规范、制度）、视觉听觉（生态环境、校标、校徽、校旗、校歌等）在日常教育生活中时时处处都能反映出一所学校人文底蕴的薄厚，长期的积淀与传承便养成了一所学校与众不同的气质。

学校文化网络是指传递学校文化内涵和信息的作用于学校内外的传播系统。

教师是创造的源泉和主体，但梳理和提升至关重要。这是校长的文化使命。校长要有形而上的思维，善于将师生的智慧提炼凝固下来，使之成为学校的理念、财富和传统。这就是学校文化建设。

一所学校的育人取向文化一旦形成，将以鲜明的个性表现出品牌的连续性和稳定性，很难轻易改变。一所学校一旦形成了品牌，意味着在特色人才的培养上占有了重要的资源，也意味着学校把握了教育规律。

三、学校文化的作用和意义

文化兴国运兴，文化强民族强。要实现中华民族伟大复兴的中国梦，所有的动力来自植根于每一个中国人血脉与灵魂深处的优秀传统文化。

学校文化是学校所具有的特定的精神环境和文化氛围，是以核心价值观为主导的学校精神、风气、制度、行为和环境等要素的集合体，是学校办学实践中的教育观念、办学品位和特色追求的积累与总和，是学校发展的重要战略和必然选择。

办学就是办文化。一所好学校，在于学校灵魂的打造，在于学校精神的内化，在于学校文化的引领。学校文化是一个学校的灵魂，是学校持续发展的生命源泉。是学校发展的精神动力。文化与教育息息相关。抛开文化，无法理解教育；抛开教育，文化也无由存在与发展。学校管理的最高境界是文化管理。"一流学校靠文化，二流学校靠制度，三流学校靠校长"，说的就是这个道理。

于漪老师认为："学校文化是学校的灵魂，是凝聚全校师生的黏合剂，是学校发展活力的源泉。"学校文化是学校精神和物质的最终积淀，是学校全体师生共同的价值追求和行为准则。学校文化一旦被创造出来，就会发挥引导、规范、激励全体师生的重要作用。文化如果已经融入人们的血液中，它就是无坚不摧的力量。

学校文化作为学校成长的精神烙印，对学校发展将起着巨大的推动作用，这种精神会以其独特的感染力、凝聚力，教育和塑造校园文化人的心理、性格和自我意识，形成新的灵魂世界。它作为学校最为宝贵的一笔精神财富，无时无刻不在影响着师生的思想和行为。它对学生的人生观、价值观产生着潜移默化的深远影响，而这种影响往往是任何课程都无法比拟的。

古今中外，许多实例证明：优秀的校园文化所形成的学校精神和良好校风，不仅有益于学生身心健康的发展，而且还催化有潜在能力人才的迅速成长；相反，不良的校园文化环境，则可能对人才的健康成长与全面发展产生阻碍、限制甚至扼杀的作用。

学校文化是衡量学校办学水平的重要尺度，是学校持续发展的基石。陈玉琨教授指出，学校文化一旦被创造出来，就会发挥引导、规范、激励全体师生的重要作用。

第二节 擘画学校绿色文化发展战略

一、构建顶层精神文化框架

（一）确立办学理念

一所学校凝聚力的形成很重要的一点是有没有共同的价值观。共同的价值观演绎成师生共同认可的行为准则，这是一种无形的能动的精神财富。这种共同的价值观是从校长到教职工的一个共同理念，即办学理念。

办学理念是在人才培养中产生的一种哲学思想，是教育理念的下位概念，是校长基于"办怎么样的学校"和"怎样办好学校"的深层次思考的结晶。办学理念，从某种意义上说，就是学校生存理由、生存动力、生存期望的有机构成。从内容来说，包括学校理念、教育目的理念、教师理念、治校理念等；从结构来说，包括办学目标、工作思路、办学特色等要素。具体体现在校训、校风、校规、校歌、教育理想、建校原则、办学宗旨、育人取向、培养目标、精神偶像、育人途径、学风建设、教师形象、校园文化、工作重心、庄重承诺等方面。办学理念的功能就是要回答学校的全部活动所涉及的三个基本问题：为什么？做什么？怎么做？这三个问题的答案共同解决了学校的终极问题：学校是什么？

先进的办学理念是一所学校深厚文化底蕴和办学精髓的积淀和升华，具有继承性、前瞻性、导向性、育人性。对内是凝聚力、向心力，对外就是核心竞争力和品牌。从某种程度上说，办学理念决定了办学特色。因此，学校只有确立适合本校特点的、符合时代要求的鲜明的办学理念，并广泛宣传发动，使之成为全校师生共同追求的奋斗目标，学校才有自我超越、追求特色、创造特色的可能，学校的凝聚力、吸引力、向心力、感召力才能得以增强。可以说，特色学校建设是在先进办学理念引领下的发展过程。

我校的办学理念是：

人文、民主、和谐、活力，关注学生发展的"可能性"，关注学校发展的"可持续性"。

并在此基础上分蘖出学校的系列二级理念：

1. 学校发展理念："提高学校运转机制活力，促进可持续发展"

所谓提高学校运转机制活力，就是指提高学校的新陈代谢、前行发展的能力。具体地说，就是不断抛弃陈旧的教育观念和教育行为，积极吸收和创造科学的教育理论与先进的教育经验，并能将它们转化为广大教师的教育观念和教育行为的能力。活力包括驱动力、凝聚力、自生力和同化力，促进学校始终沿着正确的方向发展。

2. 教师发展理念："走研究之路，提高自我发展力"

引导教师开展教育科研，通过不断研究改进教育教学，提升自我发展的意识和能力。

3. 学校管理理念："人文　民主　和谐"

营造"温心"的心理环境，形成和谐包容的干群关系、师生关系、家校关系。

4. 课程理念："学会生存　学会发展"

实现培养目标的主要途径，实现培养可持续发展，达成"活力的我"

的育人目标。

5. 教学理念："开放　灵动　自主"

科学精神和人文精神有机融合，教学观念开放，锐意改革，方法灵活，学生灵动自主。

6. 德育理念："文化养人　习惯立人　课程育人　评价成人"

用文化滋养学生长大；以习惯养成教育培养学生可做立身之本的良好习惯；以完善的课程体系培养全面发展的能力；用激励性的评价制度，实施赏识教育，树立自信自强的品质，使学生受用终身。

7. 培养目标：使学生具有责任感、自主意识、创新精神，具备生存与发展的意识和能力

责任感、自主意识、创新精神是根据我国基础教育课程改革中提出的新时期培养目标提出的，生存与发展力是根据联合国教科文组织在提交的报告《教育：财富蕴藏其中》中提出的面对未来社会的发展现代教育的四个支柱（学会认知、学会做事、学会共同生活、学会生存）提出的。

我们育人目标的确立，是根据管理目标有效性的原理。任何组织实施有效管理，必须要设置发展的目标。任何管理者都是为一定目标而存在，没有正确的目标，就没有管理存在的价值。具有一定目标的导向，正是学校管理能动性、自主性的表现。实验研究表明，目的性行为的效率明显高于非目的性行为，也就是说，当明确了可能达到的目标和目标的价值时，就会为达成目标而努力。在学校发展、学校管理中同样是这个道理。一个学校只有设置有挑战性的高远目标，才会增强目标的激发力量，更具有吸引力、凝聚力和鼓动力。

多年来，我校始终坚持用办学思想来调控办学目标和办学行为。在操作中具体遵循以下四个原则：一是遵循规律，继承发展；二是切中时需，坚持发展；三是具体可做，做中发展；四是不求终极，阶段发展。这些理念为我们多年来办学思想的确立和调整提供了强有力的理论支撑。

（二）校训的确立

校训乃一校之魂，是将办学理念、办学目标、办学特色、学校风格、道德要求、工作风格、生活态度、人文精神等概述为警示格言的简洁规

定，是一所学校治学理念的高度概括，是师生共同遵循的训导性规范，是全校师生携手共勉的座右铭，是学校精神和学校文化的重要载体和核心内容之一。校训代表了学校一以贯之的道德价值及追求，体现了一所学校的办学传统和文化的积淀，代表着人才培养的教育理念，同时它还是一种面向社会的精神标志，能为学校起到一定的宣传作用。

如果说学校文化存在更多共性的话，体现学校精神的校训就表现出更多的个性。它是建立在这所学校对教育的本质、办学规律和时代特征的深刻认识的基础之上，体现了自身办学方向和人才培养的特色。它是学校展示的"文化名片"，绵延的"文化基因"。校训，作为一个标尺，激励和劝勉在校的教师和学子们，即使是离开学校多年的人也会将校训时刻铭记在心。一个好的校训，不仅能在一定程度上体现一所学校的办学特色、学校风格、学校精神，也能隐约地、间接地反映出该校教师发展和学生成长的某些特点。

校训是针对学校全体成员的，核心是学生和教师，要在学校办学核心理念的指导下制定校训。学校的办学核心理念是学校精神文化的核心，是学校大文化系统最基础的文化要素。学校的各种文化要素，都要服从于学校的办学核心理念，校训也不例外。

我校全面、科学地分析学校目前和将来的环境与条件，在学校办学核心理念的指导下，自下而上与自上而下相结合，广泛研讨，深入论证。在客观分析学校发展远景目标的基础上，在绿色教育的宏观指向上，遵循训导性、权威性、概括性、精神性、长期性、渗透性、相对稳定性、独特性的原则，确定了我校的校训："大德　大志　大行　大业"。

大德：名词活用为动词，是"成就大德"的意思。"大德"，即把国家、民族和人民的利益摆在人生的最高位置上，努力追求自身思想品质、道德修养的尽善尽美，做一个对国家和人民有益的人。德乃事业之基，做人之本。正所谓"小胜在智，大胜在德"。要想铸人，必要铸德。培养学生高尚的思想品德，是学校教育的首要任务。欲铸人魂，先铸师魂。铸就师德，才能以德育德。

大志：名词活用为动词，是"成就大志"的意思。"大志"，即高远的志向，如古人所说的"鸿鹄之志"。俗话说："心有多大，舞台就有多大。""心若在，梦就在。""有志者事竟成。"明确的人生志向是牵动一个人发展的不竭动力。有了明确的人生志向，能更好地调动学生学习的主动性，而没有明确的志向，就会萎靡不振，缺乏动力，如墨子所说："志不强者智不达。"

怀特海在《教育的目的》一书中说："理想的消失是人类努力失败的可悲证明。回望过去，我们的先贤在学校里倾心传递智慧；而现在学校教育的目标变得如此卑微，仅仅是教授一些知识。"我希望学生不仅有小情趣，更有大情大志。

应该思考未来二十年、三十年后，中国需要什么样的人？世界需要什么样的人？中国和世界需要具有中华民族的文化底蕴和中国情怀，具有国际视野、正义感与责任心，具有适应社会的能力，具有科学精神和探究意识的创新型人才。

中学教育的重要使命在于帮助学生认识、探索个体价值与社会价值的关系，引导学生树立正确的人生观与价值观，发现真正的兴趣爱好及特长，确立人生目标，树立远大志向，明晰前进方向，提升奋斗动力。

大行：名词活用为动词，是"成就大行"的意思。"大行"，即高尚务实的行动，是"知行合一"的外在表现。人是用行动在书写自己的人生。如何让学生"心和脚一同上路"，是教育工作者需要好好考虑的。"没有比人更高的山，没有比脚更长的路"。如果能引导学生用高尚的行动来书写自己的历史，将是我们教育的最大成功。

大业：名词活用为动词，是"成就大业"的意思。"大业"，即宏伟的事业，是"大德""大志""大行"所产生的必然结果。

（三）校风的积淀

"校风"是一所学校的品牌和形象、精神和灵魂。所谓"校风"，通俗地讲就是一个学校的作风和风尚，是每个学校的领导者和师生员工共同具有的、富有本校特色的、相对稳定的集体意识倾向和行为特点的集中表现，是学校通过长期的多方面的教育实践，在师生员工中逐步形成的精神面貌和道德风尚。它包含着学校全体成员所共有的思想和情感、理想和愿望、行为方式和传统习惯，也包含着学校各级各类人与人之间的关系。它的内容包括：明确的教育目的和学习目的；符合时代要求的精神风貌；严谨的治学态度；实事求是、理论联系实际的工作作风。它是在共同目标指引下，学校成员在共同认识、目标一致的基础上，经过共同努力，在长期教育、管理中逐步形成的，相对稳定的、突出的、一贯的精神状态、思想作风、行为倾向。校风是师生的思想、道德、纪律、作风以及治学态度和精神风貌的综合反映和外在表现，是一所学校办学指导思想和培养目标的集中反映，是一个学校领导作风、教师作风、学生学风等文化内容的积极沉淀和集中反映。

从某种意义上说，已形成的校风，是一种无形的校纪、校规，对学校所有成员有一种强大的约束力。这种约束力不是来自行政领导强迫的，而是发自个人内心的要求，是潜在的学习、工作的准则。良好的校风给人们以无形的推动和鼓舞，使人经常处于一种强烈的气氛感染之中，引起感情共鸣，不知不觉地接受校风的教育和感化。良好的校风可以为学校的师生员工创造良好的学习、工作环境，良好的校风是保证教学、教育质量和学校管理的重要因素，对贯彻党的教育方针、实现教育目的、提高办学质量有着极其重要的作用。优秀的校风是学校高水平办学质量的体现，是创品牌、树信誉、求发展的重要基础和宝贵财富，是学校核心竞争力的重要组成部分。

校风是一种无形的能量场和一种有效的教育因素，是一所学校的特色和风格。从文化角度来说，校风是一种精神文化；从环境角度来说，校风是一种精神环境；从课程角度来说，校风是一种潜在课程。校风一经形成，就会对师生的思想意志、道德品质、行为方式和精神面貌等方面发生潜移默化的、深刻而持久的巨大影响。校风既是每所学校各自传统文化的积淀，又是每所学校各自未来发展的指向。

辩证唯物主义和社会心理学告诉我们：人的一切活动，无论是心理活动还是行为活动，都是由一定的环境条件，即环绕人并作用于人的一切客观现实所激发，其活动过程受环境条件的制约，当然，活动也反作用于环境，改变着环境条件。环境对人的活动的激发作用又主要是通过客观现实对人的心理的影响以至于对行为的影响而产生的。也就是说，当客观环境中的各种因素对人的心理造成了一定的影响时，才能对人的活动有所作用，成为有主观意义的因素。这种对人的心理产生影响的环境因素，逐渐在人们的心理上转化为某种观念，那么，这种以观念形式存在于人们心理上的环境，我们称之为"心理环境"。校风就体现为这样一种特定的心理环境。

校风既有全局性和内隐性，又有外显性和渐进性，其具有陶冶功能、调节功能、凝聚功能、激励功能、推动功能。

在校训的基础上，我们根据学校发展的历史积淀和学校发展的追求，明晰本校的校风："贵和尚中，刚健有为；自信自立，自主自强；民主和谐，美美与共。"

我们既崇尚"贵和尚中"，又提倡"刚健有为"，既追求和中的处世之道，人与人之间相互尊重理解，有效沟通，和谐相处，营造和谐安宁的工作环境，又提倡教师认真工作，有所作为，开拓进取，大胆创新，鼓励和倡导教师发展和凸显个人的创造性和开拓性。

校风的确立还要依据本校学生自身特点。我校属于涉农地区学校，地区差异决定了该地区义务教育阶段学生存在很多问题：（1）入学适应难。儿童从幼儿园进入小学，从校园的自然环境到和老师、同学的人际关系都是陌生的。校规校纪的约束、学习的压力，都构成了对儿童心理适应的严峻挑战。还有的困难家庭孩子没有受过学前教育，他们更加胆怯、不适，表现为焦虑、不安、抑郁、害怕、注意力不集中、对学习失去兴趣、不能约束自己等。（2）逃学与厌学。外来人员随迁子女家长由于忙于生计而没有尽到监护责任，学生家庭生活环境不良，学习基础较低，长此以往对学习缺乏兴趣，形成厌学情绪，有的干脆逃学、旷课。（3）人际交往障碍。由于目前的学生绝大多数为独生子女，他们在家庭中交往的对象多为成人，由于家长的溺爱，学生往往"以自我为中心"，普遍存在自私、任性、依赖别人的个性特点，在集体中仍以自我为中心去与人交往，常常是唯我独尊，缺乏同情心，遇到困难缺乏自信心，有的封闭自己，出现人际交往障碍。（4）过度依赖家长。现代社会，大多数家庭都是独生子女，父母对他们百般呵护，导致孩子自立能力差，意志力薄弱。（5）学习压力大导致心理压力大。学生担心考试成绩不好，心理压力过大，会出现焦虑现象。遇到困难时或考试前，会出现精神恍惚、紧张不安或者抑郁、自卑现象。随着考试成绩的好坏，学生情绪忽高忽低，心理十分脆弱。（6）心理品质问题。有的学生常常嫉妒别人学习成绩比自己好，别人各方面比自己强。在受到批评时，学生容易抬杠以及产生敌对偏执情绪等。

因此我们积极打造自信自立、自主自强、民主和谐、美美与共的文化氛围。自信即我能行，自立即自己的事自己做，自主即主动学习、主动负责，自强即积极努力、发奋图强，民主和谐、美美与共即团结协作，共同进步。

教风和学风是校风的有机组成部分。

所谓教风，指一个学校的教育风气，是教师或教师集体教育教学的特点和风格，是教师道德、才学、作风、素养、执教的集中反映，是体现学校教师教学观、教材观、学生观、课堂观的整体行为。具体是指教师在教学、科研等工作中体现出来的职业道德和学识风范，包括教书育人的目的、态度、行为特点、方法及教师集体的好传统。优良的教风主要表现为教师忠于职守、爱护学生、言传身教、钻研业务、团结合作、管教管导、为人师表等。

教风是教师的政治素养、职业道德、专业知识、教学方法技能、教育学和心理学素养等方面的综合体现，是其人格、修养和知识等内心世界的特定的外化形式，是学校形象的灵魂。在实践中，教学工作在学校各项工作中的中心地位、教师在各类人员中的主体地位、教学投入在各类投入中的优先地位，共同决定了教风在校风中的核心地位。

学风和教风有着紧密的关系。相对学生而言，教师的治学治教精神、态度、方法及做人原则等实际代表了学校的文化主流，并会对学生产生潜移默化、润物无声的影响，久而久之固化为学校之风气，即学风。学风的形成受教师影响最甚。教师肩负着教书育人的重任，是学生学习和模仿的对象。因此，教风是学风之源，教风是校风的主导，有什么样的教风就会有什么样的学风。教风反映教师整体队伍师德水平、协作意识的自觉行为,是一个学校教育环境的集中体现。

我校的教风是:"善教,乐研,精细化"。

《学记》云:"善歌者,使人继其声;善教者,使人继其志。"《吕氏春秋》中说:"善教者则不然。视徒如己,反己以教,则得教之情矣。所加于人,必可行于己,若此则师徒同体。人之情,爱同于己者,誉同于己者,助同于己者,学业之章明也,道术之大行也,从此生矣。""善教"即用教者的大爱情怀,使受教者"继其志",不仅"学业章明",而且"道术大行"。"乐研"即积极学习探索教育教学规律,并以科学系统的方法寻找教育的真谛。"精细化"是一种意识,一种观念,一种认真的态度,一种精益求精的文化。精是追求最好,最优,细是注重细节,是以专业化为前提的操作细化、管理细化、执行细化,最大程度地满足受教育者的需求。

所谓学风,泛指学校、学术界的或一般学习方面的求学和治学的风气。在学校,主要是指"教师和学生在一般学问和学习方面的风气,是学校中长期形成的师生对待学问和学习的情绪上、言论上、行动上的共同倾向"。学风不仅受到学校校风、教风等内部因素的制约,而且还受到社会文化传统、社会舆论和时尚等外部因素的影响。优良的学风不是自发形成的,而是学校领导者和教师在学校教育实践中,经过长期有意识地、坚持不懈地培养教育而逐步形成和发展起来的。优良的学风包括:正确的学习目的和巨大的学习动力;正确的学习态度,如勤奋、严谨、好思、创新等;良好的学习方法和习惯,如理论联系实际、勇于探索进取等;尊师敬友、互帮互助的人际关系。

学风是校风的基础,是学校文化长期积淀的精华。我们之所以说学风是校风的基础,是因为从广义上讲,学风不仅是学生学习态度和教师治学风气的综合反映,涵盖了学校领导、管理队伍和教职工学习的意识和习惯,而且也是一所学校的治学精神、治学态度和治学方法的综合反映。学风是一所学校办学水平和校风的集中体现。学风好,表明校风正,校风正,学风必然好。

优良学风是保证和提高教育质量的重要条件,也是教育质量的重要内涵。优良学风不仅体现了学校的办学观念和理念，体现了学校的校风和大学精神，体现了学校的历史积淀和教学传统，也反映了学校的办学和管理水平。好的学风，是学校最宝贵的财富之一，体现着学校的品位与格调，是学校创品牌、树信誉、求生存、谋发展的基础。

我校的学风是："善思，乐学，自主化"。

孔子曰："学而不思则罔，思而不学则殆。""善思"是在学习过程中有运用思维方法对信息进行加工并产生联想来解决问题的习惯。"乐学"是乐在其中的一种学习境界。学习有三种不同的境界，知道—喜欢—乐在其中。"知道"偏重理性，只是被动学习知识，不能把握自如；"喜欢"则触及情感，发生兴趣，喜欢学就学，不喜欢就放弃，不能长久；"乐在其中"才是"乐之者"的境界，学习起来非常"投入"，几乎"陶醉"，这样的人学习不累。"自主化"指自己主动，不受别人支配，能对自己的行为负责，具有责任感、自主意识。自主不仅是一种权利，更是一种能力，是学会认知、学会做事、学会共同生活、学会生存的必备能力。

人是学校发展中最积极的因素、决定性因素，促进学校的发展首先要促进人的发展。校园精神文化建设就是努力营造促进教师发展的心理环境和学习研究的氛围，形成热烈的学术研究风气，让教师在工作中学习、探究，在学习、探究中得到发展，进而提高教育质量。校园精神文化建设是教师发展、学生成长的重要途径，是学校发展的突破口。

二、确立科学人文的制度文化

制度文化就是组织成员共同分享的价值和信仰系统、共同遵守的行为标准和规范体系。制度文化凝聚组织的共享的哲学、思想观、价值观、信仰、态度、期待和规范的体系。

理念是制度的先导，制度是理念的保障。办学理念催生出相应的学校管理制度，反过来，办学理念的实现也需要相应的学校管理制度作为保障。因此，校长要在学校管理过程中，把办学的理念贯彻到学校制度中去，通过健全的制度和民主的管理，使学校形成良好风气，确保办学理念的有效落实。

在学校，制度是实现教育目标的保证，是学校实行管理的基础，是管理的原则。随着新课程改革的纵深发展，学校管理不但要有健全规范的管理制度，而且还要有制度的创新，形成制度文化。一所学校的制度文化体现一所学校管理的灵魂，创新制度文化，能唤起管理灵魂的感染力。创新制度文化更是体现学校团队具有与时俱进的智慧和精神，它既有传统的优秀的文化，也有符合时代精神和社会发展要求的文化特征。一所学校的团队成员里没有形成一种制度文化，就会使学校制度管理失去向心力，势必失去管理的灵魂，进而言之管理灵魂就没有感染力。创新不只是创造新的东西，做人类从未做过的事情，它还包括把人类已有的东西进行重新组合，形成新的东西，重新发现人类已经发明或发现之物的价值，或是把理论形态的知识向社会实践进行创造性的转化。

学校要实施和谐管理，提高管理效益，除了要保证制度本身的合理性外，还要考虑可行性：要考虑学校的实际校情和地域特点，要考虑教师与学生的可接受性和"最近发展区"。创新"制度文化"，既要突破传统思想观念的束缚，建立和谐的制度环境，赋予教育主体以必要的专业权力，还要感受生存的压力，勇于面对问题和困难，去争取未来的发展空间，把问题当成自己的朋友。这样就唤起了学校制度管理的灵魂，让教育者和被教育者达成共识。就教育者而言，管理过程应是压力与动力的过程，只有在管理方法上承认差异性并内化为自觉自愿的良好素质，才能赋予学术权威与承担管理艺术的职责。对学校管理者来说，只有把问题当成管理的朋友，重视师生的参与潜能的激发，不断创新制度文化，才能使学校管理制度成为一种文化，强化制度文化的激励和约束功能，促进学校在执行制度过程中具有坚实的基础和应变创新的动力。

一所学校能否又好又快发展，在某种程度上，关键看学校的办学目标。一方面要依据国家的教育方针，另一方面要从本地区的实际、学校的办学条件、学生和师资状况出发，确立自己学校的办学目标，走出办学特色之路，围绕目标，科学地规划制定与实际相符的规章制度，并在管理过程中逐一落实，不感情用事，不随意篡改，保证制度的有效落实，久而久之，就形成了人人关注的、自觉自愿执行的制度文化。有了明确的办学目标，就要主动寻找办学的资源，做到"外树形象，内强管理"。为此，对学校管理者来讲，树立"人本理念"就是要"以教师和学生发展为中心"，面向全体师生，尊重师生身心发展规律，使每一个教师和学生的潜能都能得到最好发展。

在制定制度的过程中应充分发扬民主，广泛征求意见，要充分考虑各种特殊的情况，要让师生都能在日常的工作学习中充分体会到办学理念的存在，形成自我约束、自我管理、自我激励、自我发展的制度环境。所以，校长应注意将办学理念外化为学校管理制度，以相应的学校管理制度来保障办学理念的实现。

为此，一方面，学校管理者要找准自己学校的当前管理状况，查找本学校的管理到底存在什么问题，学校内外面临什么样的挑战和机遇，对学校的未来管理发展做出战略规划，提出近期、中期、远期的办学目标；另一方面，学校管理者要引导师生关爱生命，培养团队精神，注重情感管理、赏识管理、沟通管理和评价管理，激励积极参与管理。在民主的基础上制定完善学校的规章制度，更重要的是将制度落在实处，制度面前人人平等，不要因人而异。

管理的灵活或许是一种艺术，而制度的灵活则往往是一种灾难。美国ABB公司董事长巴尼维克曾说过："一位经理人的成功，5%在战略，95%在执行。"可见，在学校管理过程中，一旦制定出切合实际的制度，如何执行，执行得是否彻底、公开，就显得至关重要。没有执行好或执行有偏差，任何好的决策或目标都不可能成功，再健全再完善的制度也只能成为摆设。事实证明，制度制定以后关键是执行。考核一所学校的办学水平，在某种意义上说，就是衡量一所学校制度的执行力。

校长在制度引领上的作用至关重要。想让制度充分发挥引领作用，就要制定具有激励作用的制度。对于教师在学习培训、教育教学改革实验、课题研究等方面，要加大经费投入，对于教师取得的成果，要有激励措施。通过制度的引领，激发广大教师的潜能。

为保证育人环境充满文化气息，保障教育教学活动的正常开展，我们在课程改革过程中，对我校原有的规章制度进行了修改、补充与完善，制定了我们的校本管理制度，做到校园无空白，处处时时有人做事，处处时时事事能育人。

在制度文化的建设上，我们追求两方面的目标：一是建立一套科学、人文、民主的管理制度；二是全体师生员工对制度的高度认可并且可以成为他们自觉的行为准则。

首先我们力求使制度内涵与绿色教育的办学理念相一致。绿色教育的管理理念是"人文、民主、和谐"：人文就是要以人为本，制度的制定，要尊重人，发展人；民主就是共同制定制度，非强制性，非命令式，而是要共商、共议、共同确定、共同遵守；和谐即干群、师生、家校沟通顺畅，关系正常。

2008年，十四中学整理编辑了制度汇编《十四中学校本管理》，2012年，随着绿色教育的不断深入，我们修改了其中与绿色教育理念不相符的内容，增加了一些体现绿色教育内涵的制度，编辑成册。如果说《十四中学校本管理》还有一些硬性规定的话，《十四中学管理方略》就更加注重人性化、科学性、民主性。在编辑过程中，每一项制度都不是凭空想象出来的，而是在实践中积累，经过时间检验切实可行的，或者是经过领导班子集体研究制定，再经过教职工代表审议通过的。这样制定的制度更接地气，更加符合实际，更加容易被职工接纳。

其次，我们力求制度建设的创新性、实用性，而非死搬硬套，形式主义。从教师管理到学生管理，我们都结合实际制定了我们自己特有的制度，如《十四中学教职工绩效量化考核方案》《教师工作常规》《十四中学教师个人发展规划评价制度》《学生常规》《十四中学学生一日行为习惯养成规范》《十四中学生"填满绿色"评价制度》等。这些规章制度，比起那些形同虚设、千校一面的制度形式，更多切中十四中学的管理实际，对绿色教育的实施起着至关重要的作用，至今仍被遵守和使用。

再次，严格执行制度，形成制度文化。制度不能形同虚设，不能为了制度而制度，要切实发挥作用，这就要求学校领导班子具有较强的执行力。以落实《十四中学教职工绩效量化考核方案》为例。我校实行的是扁平化管理模式，是一种简约垂直管理模式，简单地说，就是年部主任直接下到年部进行管理，以年部为核心开展教育教学工作，年部不再是完成副校长工作的附属，而是独立开展教学管理、教育管理、年部建设的主角。校长不需要通过副校长、副书记，而是直接把任务布置给年部主任，年部主任直接对校长负责。副校长、副书记都独立分管并具体落实工作，不做传声筒。它的特点是：（1）领导层之间没有中间环节，减少管理层级，不需要层层下达任务。不会出现以往的弊端，如各部门领导层层下达任务，到最后都是最底层领导来做具体工作。（2）工作职责不交叉，职权责清晰，避免了不必要的人事关系。（3）这种管理模式省流程，省时间，简约、务实、灵活、高效。（4）加强了校长与各部门的联系和沟通，便于掌握第一手资料，使管理更接地气。我校对教师的考核包括教学常规、教学成绩、教育工作、师德表现、考勤管理、兼职工作等，对于教学常规的考核和检查，需要高频度和高效度，低频度和低效度的考核是有失公正、没有说服力的，为了维护考核的公正性，领导们各司其职，副校长负责考核教学成绩，年部主任负责考核教学常规，副书记负责考核师德和考勤，政教主任负责考核教育工作，他们的考核直接关系到教师的月绩效工资的多少，而且每个月要向全校教师公开考核结果，因此，领导们高度重视，严格执行制度，使这个制度成为牵动学校管理和质量的法宝。

最后，学校制度要"从有形到无形"。制度要得到教师的高度认可，才能逐渐变成教师自觉的行为准则，即从有形制度到无形制度，达到文化管理的目标。制度要充分体现"规范引领"，关注师生的"和谐灵动"。我们认为制度管理的目的，不是制约和惩罚，而是一种"规范"的告知和声明，重在"引领"和"倡导"。在制定制度时，既要注意规范，同时又要体现"人文"和"灵动"，避免僵化。

三、打造物质文化

苏霍姆林斯基曾说："学校的物质基础（我们把学生周围的一切陈设

也包括在内），首先是一个完备教育过程必不可少的条件，其次它又是对学生精神世界施加影响的手段，是培养他们的观点、信念和良好习惯的手段。我们把孩子周围的一切都用来服务于对他们进行体、德、智、美诸方面的教育。"学校的物质环境对人总是有潜移默化影响的。校园物质文化是办好学校的基础，也是学校用来彰显自己校园文化内涵的重要载体。

"环境也是教育者"。校园环境是物质文化的重要组成部分。欧文说："人是环境的产物。"所谓环境，就是一种文化。校园环境是校园文化最为直接的体现，校园中的每一座建筑、每一处景点，都成为一种思想的传递，一种文化的表达，优美的校园环境总能以"无声胜有声"的育人效果，熏陶、感染着师生，丰富、净化着师生的灵魂。建设一个和谐优雅的绿色校园环境，有利于学生身心健康成长，有利于提高教职工的工作效率。因此，我们学校把它作为可开发的重要课程资源之一，充分利用校园环境资源，开发校园文化课程，以达到细微处全方位课程育人的目的。我校不断美化优化学校育人环境，完善各种文化设施，大力推进校园艺术化工程，努力将校园的每个角落都注入教育的元素，让每一寸空间都服务于孩子的绿色成长。通过构建"绿色教育"生态教育乐园，打造绿色的物质文化环境，达到"环境育人"、陶冶学生品格、营造"隐形课堂"的目的。

（一）外部环境，如诗如画

大连市第十四中学坐落于大连西城国际旅游商务区境内，位于60平方公里的国家AAAA级风景区"大连西郊国家森林公园"腹地。学校东临西山湖，西望棠梨湖和鞍子岭，山峦环绕，碧水相依，湖光山色，景色宜人，身处校园即可感受到来自大自然的诗意灵秀。

高标准的硬件设施，奠定了有效实施的基础。学校占地52328平方米，拥有高标准的硬件设施，运动场占地面积18000平方米，体育馆建筑面积2959平方米，拥有标准的400米跑道，标准足球场1块，标准篮球场地6块，还配备了多个专业教室，各类体育器械品种齐全，数量完全满足需要。学校还拥有专门的舞蹈室、美术教室、音乐教室、多功能录播教室等，均达到高标准。学校建有无线网络系统，各专业教室设施齐全、先进。这些为做好校园文化建设提供了物质基础保障。

绿色教育首先要让校园"绿"起来。学校在校园内种植了28种植物，高大的乔木399棵，有梧桐、龙爪槐、国槐、春榆、垂柳、核桃、合欢、龙柏、圆柏、水杉等，还有竹林2片和大量常绿灌木、草本植物、藤本植物……

春天来临，垂柳依依，樱花绽放，海棠盛开，鸢尾飞舞，丁香四溢，紫藤缠绕，赤橙黄绿紫，五彩缤纷；夏季合欢嫣红，槐香浓郁，翠竹青青，凌霄倒挂；秋季粉红的木槿长久不衰，秋风中的枫叶傲霜挺立，四季开花的月季花傲雪争艳，核桃树果实累累；冬季的校园也不寂寞，四季常青的龙柏、圆柏、水杉以及常绿灌木大小黄杨、水蜡郁郁葱葱，还有不畏严寒的翠竹，都让校园生机一片。

绿色教育要让师生爱"绿"色。学校组织专业教师为28种植物设置标牌，标明种属、特性和使用价值，每当师生漫步校园，都会置身于绿色环绕之中，心旷神怡，流连忘返。师生们不仅喜欢这片绿，还自觉维护着这片绿。在我们这所东北地区的校园内，还生长着一大片竹林，足足有200平方米，最高的有三层楼高，最粗的直径达七八厘米，难以想象这是由三十年前的三五棵竹苗繁衍而成的。每当春季竹笋发芽的时候，孩子们自觉担当了竹林卫士，绝不允许任何人挖掘。优美的自然环境引来了百鸟筑巢，生机盎然。学校还开发了《全球绿色环保》校本必修课程，获得大连市教育局、大连市环保局共同举办的环保校本课程评比大连市中学组唯一一个一等奖，学校被评为2017年度"大连市十佳环境友好学校"。

绿色教育还要打造绿色的人文环境。学校大力推进校园环境艺术化工程，精心布局，追求自然与人文的和谐，注重校园每一个角落、每一处景物的精心布置和搭配，致力于做到"无论从哪个角度看，校园都是一幅完美的图画"的审美效果，讲究整体布局，强调自然和谐，讲究文字与小品的启迪，凸显人文思想。如：手捧和平鸽的女神雕像，草坪上的小鹿和儿童，将自然、人性与和谐的思想传递出来，这是绿色教育倡导的"人文、民主、和谐"的理念；广场上的两个雕塑"超越"和"明珠"，正在引领学生大胆创新，敢于超越，自强不息，成就自我；含有孔子雕像和《弟子规图解》的紫藤园，是学校为弘扬中国传统文化、营造崇尚圣贤经典、养成良好习惯的文化氛围而建。这里的《弟子规图解》碑刻，是社会爱心人士敬仰我校成功的传统文化教育而捐赠的。在这个园区里，还碑刻着我校模仿《弟子规》的文字形式而编制的《十四中学学生一日行为习惯养成规范》（我们称之为新弟子规），它引导学生启思尚贤，见贤思齐，择善而从，养成良好的行为习惯。

为了明确地让校园中的每一座建筑、每一处景点都成为一种思想的传递，一种文化的表达，用"大视觉、大画面、大创意、大气魄"的校园环境来熏陶和滋养学生的"大德、大志、大行、大业"，学校在全校师生中有奖征集楼宇、道路、园区的命名。步入校园，首先映入眼帘的是镶嵌在"水木楼"正门上方的校徽和八字校训："大德　大志　大行　大业"。校园内分布了五大专用功能楼，建筑面积达12323平方米，从幼儿园到中小学教学楼、功能楼的楼宇命名分别为"蕙芷园""青禾楼""萃菁楼""水木楼""五谷源"。幼儿园取名为蕙芷园，蕙意味着香草，芷代表着小草，蕙芷寓意生命茂盛，富有灵气，品行芬芳；小学教学楼命名为青禾楼，取意翠绿为青，谷秀为禾，寓意幼禾滋长，朝气蓬勃，求实向上，培英育华；初中教学楼命名为水木楼，取意"水木湛清华"，寓意树木荣发，欣欣向荣，葳蕤生辉，德聚行广；食堂取名五谷源，此名意味着盘中之餐，汗滴凝聚，珍惜五谷，当思来处；实验楼取名为萃菁楼，萃寓意草木繁茂，菁所指草之精英，萃菁寓意绿意葱茏，顽强拼搏，锐意进取，乐育英才。象征着在绿色的校园里，孩子们从富有灵气、品行芬芳的小草，长成朝气蓬勃的翠绿谷禾，再成长为葳蕤生辉的参天大树。

学校有三大主题园区：竹林、孔子雕像和《弟子规碑林》、月季花园，分别命名为"尚雅园""尚贤园""尚馨园"。"尚雅"意寓着崇尚方正，立身淳朴，厚德载物；"尚贤"意寓着见贤思齐，择善而从；"尚馨"意寓着明朗清纯，儒雅端正，德学双馨。我们将校园内部三条道路分别命名为"致远路""致行路""致仁路"，分别意寓着胸怀鸿鹄、宁静致远，勉力而行、行而不殆，格心致仁、孝悌礼义。将东西两大主题广场命名为"晨曦广场"和"希望广场"，并立有标志性雕塑。在主干道"致远路"一侧设宣传栏，宣传学校的精英榜样，教师的光荣榜有"师德标兵""好教师""育人能手""优秀集备组"等,学生的光荣榜有"绿色星级少年""市区优秀学生干部""市区优秀三好学生"。这些师生的照片和事迹,每天都用榜样的力量鼓舞、激励着教师和学生。

如今,当你走进十四中学的校园,你会被那大气合理的校园格局所折服,被那扑面而来的醉人绿色所感染。这里的教学场馆气势恢宏,整体勾画巧夺天工;群山环抱,碧水偎依;绿树簇簇,荫翳蔽日;虬枝盘旋,鸟语花香;芳草鲜美,玉竹亭亭;典雅小品,彰显情志。十四中独具匠心的校园环境设计,不仅体现了教育管理者的教育理想,而且使学生们融入其中,培养了他们欣赏美、鉴赏美的意识、情趣和能力。走进十四中学,你会感受到青春的气息与活力,感受到蓝天和阳光的味道,感受到原生态的、回归自然的绿色教育魅力!

(二)内部环境,怡情励志

校园的楼内布局和设计,也是匠心独运,精心创意,引人思考。学校追求的审美效果是:如"凝固的音符",似"恬静的乐章"。

一是注重楼内自然艺术景观的创设。墙壁和地面色调要和谐统一,文字和花草和谐布局,交相映衬,楼内和楼外的景致延接通透,浑然一体。我们还充分利用学校的竹园,把翠竹作为学校的标志性植物,点缀在楼内合适区间。一进入教学楼,首先映入人们眼帘的,是一架在翠竹衬托下的古典大钢琴,似乎它正在奏响十四中学绿色教育的主旋律,同时翠竹还搭配各种典雅的饰物,例如一把小提琴、一本书、一尊精巧别致的雕塑等,摆设在楼内的适当位置。楼道间悬挂的"像爱护自己一样爱护别人""学习如品茶"等配有文字的大幅装饰画,给人以拂面春风般的默默熏陶,润物小雨似的细细濡染。学生们在潜移默化中得到美的熏陶,在心情愉悦中享受着艺术的滋养。

二是要彰显绿色教育的理念和精髓,用以引领人,激励人,营造氛围,凝聚力量。在一楼西大厅的显著位置,一组标志性的设计诠释了十四中学的理想和追求。在这里,你迎面可以看到邓小平的"三个面向"巨幅铜字,背面对应位置则是"贵和尚中,刚健有为"的教师团队文化和"自信、自立、自主、自强"的学生团队文化,北墙上设计的是学校的理念墙，有学校的办学理念、校训、教风、学风，有校歌，还有名优教师榜。在理念墙的最上面，赫然书写着一行大字：教育是直面生命成长的事业！像是在时时提醒着教师们，教育要尊重生命，尊重成长。

三是厅廊文化的设计要体现育人特色，要有体系，有主题，有章法，注重形式和内容的和谐统一。我们围绕文化养人、习惯立人、课程育人、评价成人的德育工作理念，打造了四个楼层的主题文化：一楼文化主题是文化养人——让学生在文化熏陶中长大；二楼文化主题是习惯立人——让学生在故事育人中长大；三楼文化主题是课程育人——让学生在活动感染中长大；四楼文化主题是评价成人——让学生在评价激励中长大。结合学校语文大阅读活动的开展，我们在一楼设置了集诗词、书法、绘画于一体的历代古典诗词集锦，让学生感受中国古典文化的博大精深，同时在办公区和实验区制作了古今中外具有典型意义的文化成就、科技成果、名人名家展示板，营造出一种百科全书的氛围。这些充满艺术、教育、文化、科技、人生启迪的环境设置，无不从各种角度融融诱导，细细熏陶。

二楼正厅是《十四中学学生一日行为规范三字箴言》，这是学生的行为准则，放在了醒目的位置。教学区的走廊文化是我校的德育特色——故事育人，墙壁展板上是一个个对学生进行思想道德建设的小故事，我们用小故事蕴含大道理，影响学生诚实做人，踏实做事。涉及的习惯有善思、笃学、向善、谦虚、乐观、协作、和谐、恒心、厚积、自信等。三楼正厅是学校校本课程体系图，展示了校本课程的目标、课程体系、课程模块。教学区展示了学校各门类校本课程内容和成果介绍，有摄影入门、科技制作、象棋、版画、足球、篮球、乒乓球、田径、羽毛球、编织、管弦乐ABC、舞蹈、合唱、中国传统节日、朗读与演讲、青春期心理健康教育、交往与礼仪、中华古诗词、神奇的生命现象、旅游知识、影视制作、动漫设计等，引领学生自主选择，积极参与。四楼正厅针对初三学生的学段特点，设计的是十四中学优秀毕业生介绍。教学区展板是学生评价的原则、理念、方法，引导学生正确认识和评价自我：自尊、自强、扬长；认识评价他人：赏识、包容、真诚、赞美；认识评价社会：求真、明理。帮助学生树立理想，坚定信念，扬长避短，自强不息，成人成才。同时我们在三个楼层正厅开设读书文化角，学生可以在这里自主阅读休闲，二楼的图书角主题为散文、诗歌类作品，三楼的图书角主题为诸子百家、文学经典，四楼的图书角主题为中外小说、人物传记类作品。在每个楼层的楼梯间，张贴着师生参与学校大型文化活动的照片，孩子们能及时看到发生在自己身边的事，看到自己的活动身影。这些照片总是能将师生共同经历过的那些活动转化为一种恍然大悟后的明澈，让所有看的人都会重新回味那段经历，并从中汲取精神的营养、心灵的力量。

四是年部文化的打造。十四中学实行的是扁平化的管理模式，年部是学校的管理核心，年部的文化建设水平影响着教师队伍的师德素养、工作作风，学生的精神面貌、学习态度、习惯养成，因此建设良好的年部环境文化，一直是十四中学从校长到年部主任都非常重视的工作。每学年开学前，各年部主任都煞费苦心地做环境设计。办公室、集体备课室、年部厅廊都是布置环境文化的场所，内容有习近平总书记对教师的"四有"要求，有全国教育大会精神提炼，有年部工作目标、工作理念、年部口号，还有各具特色的年部专栏。初一年部作为初始年级，学校把引导学生学会做人、养成良好习惯作为奠基学生人生的主要培养目标，引入国学经典《弟子规》，通过每月一期的"践行弟子规之星"评选，引导学生学习和践行，争当"践行弟子规之星"已经成为初一年级学生的一种时尚。走进三楼大厅，"晋级之星""管理之星""十大学习楷模"的各式展板会首先吸引你的眼球，"我的青春我做主"，初二学生那激昂的青春气息扑面而来。走进四楼大厅，"我的目标""初三誓言""绿色少年榜"等五彩板面渲染出一种拼搏、奋斗的力量气息，又给人一种长大、成熟的感觉，即将进行人生第一次抉择的初三学子，正在用自己有力的臂膀摇动着生命之船的帆桨，奋勇前进。俯仰之间都是文化的影子——一个年级一个主题，耳濡目染，潜移默化，融教育于无声。

五是班级文化的打造。每个班级教室的前门上，张贴着班主任的名字，它代表着一种使命、责任、荣誉，还有学校、家长的信任，学生们的依赖。在每个教室的后门上，都张贴着每个班级的班徽，这是由学生自主设计，在班级内征集而来的，为此，学校还举办了班徽大赛，参赛学生公开宣讲设计理念,这是各班级展示精神风貌的机会,也是培养学生自主管理能力的开始。在教室门外墙上,有两个相框,一个镶嵌着班级的班歌,另一个是班级的全家福张片,师生们的张张笑脸,昭示着他们在绿色校园里的愉悦和凝聚。教室内黑板的正上方,镶嵌着鲜艳的五星红旗,红旗两侧是各个班级的班训;同时学校为每个班级制作了一个专栏区,供班级使用,有的班级作为学生光荣榜,有的作为考核专栏,还有的作为班级集体荣誉榜。在每个教室的后墙上,都张贴着一块淡黄色大板,上面密密麻麻地涂了很多块绿色,这就是我校"填满绿色"学生评价体系中的第一个层级——全班学生的周评价板。每周末,全班同学要对自己和他人在"遵规守纪、勤奋进步、互助共赢、健体尚美"等方面对照标准进行评价,将评价结果转化成绿块,涂在方格中,谁的绿块多,就说明谁表现出色。这是约束激励学生成长的有力措施,也是绿色教育面向全体学生、促进全面发展的体现。在每个班级教室外侧的墙壁上有两块展板,一块是供学生展示自我的"成长之窗"展板,学生定期或不定期地将自己的主题作品或荣誉,提供给每期负责展示板设计的学生,它可以是一段出自学生之手的精美文字,或是手工作品,或是自己的成长照片,或是一份精美的作业,或是一张精心制作的手抄报,或是一幅书法、绘画作品,或是星级少年事迹……在学生们的精心设计下,那一块块填满了学生们成长足迹的"成长之窗"既展示了不同班集体学生的独特个性,也展示了同一班级内每个学生的不同个性特色,而且那些得到展示的学生既为其他学生树立了榜样,达到了用榜样激励榜样的目的,又激发了学生的信心,启迪了学生的智慧和思维。另一块展板是班级的基本情况报告和学校考核记录,上面记录了班级每日出缺席人数,还记录了学校每天对班级各项工作的检查结果。学生良好习惯的养成,不是一朝一夕就可以完成的,需要学校和教师反复明理、学生反复践行才能达成,在此期间,学生会做出众多与良好习惯相悖的行为,学校要及时发现,及时纠正。这块板,就是及时告知学生什么是错的,应该及时纠正,什么是应该提倡的,应大力弘扬。班级是学校最基本的单位,文化的营造直接关系学生的精神风貌、班级管理、学习态度、行为习惯,每一个班级好了,这个年级就好了,每个年级好了,学校就办好了。

小学部的主题与初中不同，从一楼到三楼依次为修身美德篇、文明礼仪篇、勤学惜时篇。在内容设计上，我们特意选择符合儿童喜好和认知特点的卡通画，并配以相应的警句美语。学校为了激发小学生富有创造性的想象力，根据小学生的特点开辟了供孩子们涂鸦的特殊空间：事先，老师确定好主题，然后引导学生按照自己的想象自主涂画作品，有时候，当孩子想象受阻时，孩子就去问老师，老师就会用问题来引导孩子，比如你认为设计成什么样好呢？贴在什么位置好呢？在教师的循循善诱中，孩子们不仅得到了成就感，其创造力和积极性得到了激发，而且孩子的思维和想象能力得到了潜移默化的引导和锻炼。课间十分钟经典音乐，课前恬静的古典音乐候课两分钟，使学生在良好的情绪中玩起来、学起来、长起来。

2018年，是十四中学建校六十周年，为了留住这段历史，学校责成专人续写校史，同时根据校史搜集大量资料，将十四中六十年发展历程梳理出来，捋清脉络，建成校史馆。学校开设"初中生涯教育校本必修课"，每年每当新生入校，第一课便是《认识初中》，学生们在讲解员同学的解说下，了解了十四中的发展历史，了解学校的办学理念和特色，从而更加热爱学校，懂得珍惜学习生活，继承优秀的学校文化和光荣传统。

"绿色"的校园环境给学生带来了内心情感的愉悦，给学生带来了思维的创造和精神上的动力，这是孩子健康成长必不可少的前提。学生们在愉悦、和谐、诗意、创新的文化艺术环境中，净化心灵、升华情感、陶冶情操、确立志向、成人成才。绿色生态的校园环境在潜移默化中陶冶着师生的精神气质，让整个校园成为具有"绿色生态环境""绿色和谐氛围"的"生态花园""精神家园"和"文化乐园"：师生在这自然优美充满人文关怀、生命活力和文化气息的校园里，感受生命之珍贵，体味和谐之美妙，认识知识之广博，探索科学之神奇，享受成长之快乐，分享进步之喜悦，陶冶高尚儒雅之精神气质。

优美的校园自然景观、丰富的校园文化内涵已经成为十四中学"绿色教育"特色建设的强大物质环境基础和"绿色教育"理念下的丰硕成果显现，也得到了社会各界的一致赞赏。学校先后获得了"辽宁省中小学校园环境艺术化工程先进学校""辽宁省和谐校园""辽宁省文明校园""辽宁省绿色校园""大连市十佳环境友好学校"等殊荣,学校还成功地承办了辽宁省校园环境艺术化工程现场会。

第三章 队伍保障——建设德技双馨的教师团队

第一节 思想引领，提升境界

早在20世纪50年代，苏联教育家苏霍姆林斯基就提出："一个校长对学校的领导，首先是教育思想的领导，其次才是行政的领导。"我个人认为，思想引领的实质，就是要求校长在认真把握教育本质和规律的基础上，运用自己的思想与智慧，引领教师的思想，激发教师的行动。

人应该用思想来生活，人真正的生命，是人的思想。思想力是校长的核心能力。陶行知说："校长是学校的灵魂，要想评论一个学校，先要评论它的校长。"而评论一个校长，先要评论他的办学思想。办学思想有正误、深浅、高低、雅俗之分，做有思想的办学者，就要磨砺自己的思想，精练自己的思想，润色自己的思想，提高自己的办学思想力。思想力是思想对客观世界的作用力，是经过历练、顿悟和升华后获得的一种思维活动能力。校长任职，回答需要思想力，解释需要思想力，研究需要思想力，创新需要思想力，激励需要思想力，共识需要思想力。教育工作是思想性很强的工作，作为学校灵魂的校长，应当是一所学校的精神坐标、思想高地。

学校的绿色发展需要一种精神，精神是一个学校生存和发展的支撑，是学校的文化特色、品牌的凝聚和升华。我深知，校长的思想内涵决定了学校办学的品位和质量。作为校长，要通过思想引领让学校充满活力，感召每一位师生充满激情地工作和学习，从而实现学生、教师、领导和学校四位一体的成功和发展。

一、价值导航，引导教师追求教育的本真

校长教育思想领导的核心就是价值观的引领。如何有效地把全校教职工的价值追求统一起来，让大家自觉积极地围绕学校价值追求一起努力，需要关注校长价值引领力的建设。

校长要成为学校核心价值代言人。在日常的教育教学中，校长心中的价值取向和愿景很大程度上决定着一所学校的价值追求，而学校的价值追求也时刻渗透在教师的学生观、教学观、课程观、评价观当中。积极向上的价值追求能够引导教师树立正确的教育理想，对学校文化也会产生潜移默化的正向影响。

校长的价值观不是凭空产生的，更不是率性而为的，而是基于对社会主流价值的理解与把握，对当代教育改革主流价值的体认与执行，对学校主流价值的提炼与建构。在此基础上，结合学校的传统和实际，校长把这些主流价值的内容具体化、校本化、概念化，就可以形成学校独特而鲜明的核心价值追求。学校的价值观要与国家倡导的主流价值观一致，形成全体师生员工对社会主流价值观的认同，培养符合社会需要的人。校长要有意识地运用学校的核心价值观去规约、整合、引领教职工个体的价值观，使他们认同并践行学校核心价值观，从而实现学校共同发展愿景的能力。

学校始终把对青年教师的价值引领放在首位。对于新上岗教师，做到先入为主，牢牢把握他们的思想动态，不被诱惑，不被误导。校长每年都要亲自为新教师上入职第一课——《迈好职业生涯第一步》：从新任教师目前状态分析，到入职后必做的几件事；从教师职业生涯的三个阶段——入职期、成熟期、创造期的特点，到如何抓住教师成长关键期——入职期，如何用职业发展规划引领自己通向成功；从学校的办学理念和发展状况，到如何借力学校发展机遇尽快提升自己。教育新教师正确处理好职业与生活的关系，将"人的职业生活是人生全部生活的主体，在其生涯中占据核心与关键的位置"这一道理对新教师阐述清楚。同时，积极为新教师解决生活困难，为他们顺利入职铺平道路。

校长还努力引领教师把事业和个人价值结合起来，一方面进行正面教

育，如"好事业，好人生""事业是人生价值的重要体现""事业也是维持家庭生活的必要手段"等，通过反复宣讲，使这些理念在教师队伍中形成广泛共识；另一方面，学校大力表彰爱岗敬业的优秀教师，在微信平台上开辟了"师德建设专栏"，开展大连市第十四中学"师道传承者"优秀事迹展播，向家长、向全社会宣传优秀教师事迹，形成了良好的"尊师重道"的社会效应。同时，认真设计、组织开展"热爱事业，让生活飘香"系列主题活动，每次活动之前，校长都要发表讲话，引领提升。通过篝火晚会、郊游、采摘、联欢会及"爱我家乡""爱我校园""吾爱吾生"摄影比赛等，把教师个人发展与学校发展紧密联系起来，增强了教师的归属感和职业幸福感，建立了"荣辱与共"的师校关系，使学校真正成为教师的精神家园。

二、理念引领，让教师登上教育的思想高地

一个有先进教育思想的校长可以领导学校持续发展，而一个没有教育思想的校长只会守摊子。要保持一个学校的持续发展，必须具有充满生机和富有特色的办学理念，通过理念提升教师的境界。理念就是教师在把握教育本质和规律的基础上所形成的一种信念，是形成教育思想的前提和条件。有无教育理念，是专业人员和非专业人员的重要区别，也是未来教师区别于以往教师的重要标志。如果有了教育理念，教师就会自觉地投入到自己的工作中去，无怨无悔，乐于奉献。

理念引领是一种高层次的思想引领。首先要善于提炼和提升办学理念，要围绕如何促进学生发展、教师发展和学校发展，从纷繁复杂的教育现象和教育事实中，找到最能凸显自己特色、最适合自己发展的增长点，将其提升为办学理念，并通过它统一全体人员认识，引领行动，形成合力。

理念的形成和引领，是建立在学习和实践的基础上的。校长要做到理念引领，必须要走在时代的前列、教育的前列，要胸怀高度的教育使命感和责任心，要具备教育的国际视野和教育的前瞻性，同时要知己知彼，

实事求是，客观分析，才能准确判断学校的发展需要，从而确定未来的办学思想，引领学校和教师发展。我是全国中学校长高级研修班第19期的学员，这次学习让我看到了世界的教育现状，找到了自己学校的位置，从而明确了学校的发展方向，形成了新的办学理念。在接下来的学校发展历程中，学习和实践始终引领着我不断提升办学思想，不断调整办学方向，带领教师，使学校走上了发展的快车道。

三、境界影响，开阔教师的眼界胸怀

校长的境界决定着教师的境界，决定着学校发展的境界。有什么样的校长，就有什么样的学校，有什么样境界的校长，就有什么样境界的学校。学校之间的差距，实质上是校长素质与水平的差距，是校长境界的差距。

有宽广的境界，校长就能站得高看得远，高瞻远瞩，高屋建瓴；就能面向世界，面向未来，面向现代化；就能立足学校，放眼长远的发展，对学校发展做战略性、前瞻性、长远性、全局性的思考和策划，从而对学校发展产生强有力的以至深远的影响。

校长境界决定学校的文化品位。校长要有一种文化的自觉，注重学校文化建设和文化管理，努力打造高品位的学校文化，提高学校文化气质。学校文化建设与管理，要着力于倡导和打造学校精神，以精神提升学校教育品质。学校精神是学校最宝贵的财富。塑造学校精神、营造师生的精神家园，应成为校长的文化追求。校长要处理好文化继承与文化发展的关系。有境界的校长，必定会尊重学校优良文化传统，尊重学校历任领导者的辛勤劳动成果和文化传统的积淀，在此基础上引领学校走可持续发展道路。

教育情怀、文化自觉，是好校长的必备品格。我热爱教育事业，热爱教师职业，也主动把这种情怀传递给每一位教师。每年的开学典礼、新年联欢、教师节篝火晚会、校庆典礼，我都会发表热情洋溢的讲话，总是亲自认真写讲话稿，用我的真诚换教师真诚的工作，用我的真爱唤醒教师对

学生的大爱。由于真心投入感情，我经常被自己的讲话感动得哽咽。在校园文化建设上，我经过认真深入学习研究，确立了"贵和尚中，刚健有为"的校风，认真向全校解读，努力营造风清气正、和谐进取的校园文化。

四、心怀大气，宏伟的事业需要大气的人来推动

志向的大与小，决定了视野的宽与狭、目标的高与低。教育是国家、民族进步和人的长远发展的基石，是一项大气磅礴的伟大事业。大气的事业需要大气的人，尤其是大气的校长来推动。大气，乃海纳百川之气，昂扬向上之气，是一个人内涵丰富的象征，是校长办学理想、工作才华的具体体现。只有大气的校长，才有可能成为教育家和教育改革的先行者。为此，校长必须努力做到"立大志、谋大局、怀大度"。

校长的大志是什么？是站在党、国家、民族的高度和立场，以主人翁的视角来办教育和培养人，要为国家民族负责，培养合格的接班人，要为学生的终身发展负责，培养社会有用的人才。绿色教育的办学理念，正是校长的社会责任感和这种大教育观的具体体现。

古人讲："不谋全局者，不足谋一域。"能不能、善不善于谋大局，是一个校长成熟的标志。校长的大局是什么？作为学校发展的领导者和指挥者，校长的大局就是按照党的教育方针，科学定位学校发展，着眼于师生的长远和未来、着眼于整个教育的全面发展来推动学校的发展，跳出本位主义的小圈圈，摒弃急功近利的做法。只有善于谋大局的校长，才能不断增长远见卓识，才能积极实现办学理念、管理行为和自我心态的不断超越。这也是我校实施绿色教育的出发点和归宿。

校长的大度是什么？是以事业为准绳、以大局为准绳、以人的充分发展为准绳来衡量教育的得失利弊，不以物喜，不以己悲，胸怀宽广，正直无私，赏罚分明，坦坦荡荡做事，公平公正待人。是敢于向一切不良行为说不，是敞开胸怀拥抱一切改正错误的人，是积极帮助需要帮助的人，无论你是老师、学生、员工、保安……这是绿色教育倡导的人文、民主、和谐、活力的校园风尚。

五、高位思考，用明确的目标引领教师笃行

高位思考，才能办出特色的学校。高位思考，首先要有明确的发展目标。通过目标统一信念，凝聚力量，并给予教师工作的希望和动力。因此，一所学校，不但要有令人振奋的宏观长期目标，更要有让教师看得见、摸得着的近、中期发展目标，并通过一个个目标的落实，鼓舞斗志，激发动力，促进发展。

作为校长，不但自己要清晰目标，更重要的是要让教职工明确目标，并把这种目标转变成广大教职工的愿景。让教师知道校长想什么，要做什么，同时也让教师们清晰自己下一步应该干什么，如何干。方向、路线明确了，工作自然也就顺畅了。而且，还能通过群众的监督，激励领导者促进目标的达成。要保持校园中师生的长久热情，维持学校办学的核心理念，校长还要善于在众多的日常事务中锁定重要目标，持之以恒地去做。

"十二五"期间，我校开始特色学校创建，制订了《十四中学绿色教育特色学校创建三年规划》，同时制订了文化引领、队伍保障、课程建设、德育牵动四个专项规划，并通过每年的工作计划来分解落实；"十三五"开局之前，学校又制订了《大连市第十四中学"十三五"发展规划》，"规划"虽然是领导班子的集体智慧，有专家把关，通过教代会集体讨论，但首先凝聚着的是校长的高位思考和教育思想。绿色教育之所以得到顺利实施，正是校长坚持把"规划"作为指导，把"规划"一步步分解到年度和学期计划中，带领教师逐项突破，才顺利完成了特色学校创建工作，积累了硕果满园。

六、文化陶冶，形成良好的文化行为习惯

领导者的管理境界，决定学校的文化品位。校长要有强烈的文化意识，心里想着文化，眼睛盯着文化，校长是学校文化的方向，有什么样的校长，就有什么样的老师和学生，这就是文化的力量。校长要注重构建先进的文化体系。要从宏观和微观层面上整体规划设计和着力实施。首先，

校长要确定学校文化主基调，如"贵和尚中，刚健有为"就是绿色教育下的教师团队文化，"自信、自立、自主、自强"就是绿色教育下的学生团队文化。这个基调定得要契合学校的文化需求，是引领，是方向。其次，善于创设和充分利用多元文化载体。如在学生中开展"入团仪式""大阅读""经典诵读""诗词配画"活动，在教师中开展"读书沙龙""师道传承者"展播等。再次，要通过制度规范约束，引导师生行为符合学校文化的要求。绿色教育人文、民主、和谐的管理理念，不是一团和气不要制度管理，而是校长充分发扬民主作风，建立领导与被领导者间、师生间、家校间、学校与社会间的长效沟通机制，精细化制定管理制度，教代会研究集体认可管理制度，学校严格落实管理制度，反复强化管理制度，师生严格遵守管理制度，进而形成良好的文化行为习惯。作为管理者，我深深体会到，文化管理一定是以制度管理为基础的，是制度管理的高级阶段，如果一个群体在长期的建设过程中，逐渐把管理制度的要求变为管理对象自觉的价值判断和价值取向，这就意味着形成了管理文化，也就达到了文化管理的境界。理想的学校文化才是师生的精神家园。

第二节　人文管理，愿景感召

一、规章制度人性化，让民主和谐成为管理主旋律

学校积极进行绿色教育理念下的制度建设。绿色教育的制度内容要以人为本，制度的制定过程要体现民主性和人文性。我们进行制度建设并不是千方百计用制度来约束教师，而是通过教师自己来制定规范的过程，让教师真正作为主人行使学校的管理权力，履行管理责任。我们将学校的管理制度交由教师代表大会研究讨论，去粗取精，去伪存真，大胆取舍，敢于放权，将一些违背绿色教育理念、制约教师创造力的不合理、不科学的规定取消，建立更加科学的规范。在这一过程中，教师的责任心和使命感得到很大提升，学校的管理被广泛认同和接受，每位教师都明确各自岗

位的管理职能，管理者和被管理者之间形成默契。在我校，不存在人管人的局面，领导和教师之间是合作共事的关系。随着学校的不断发展，制度建设也要与时俱进。我们不断调整各项管理常规，这些常规，与其说是制度，不如说是工作指导手册，目的在于指导教师更加科学高效地开展工作。这些制度被教师广泛接受，并变成自觉行为，形成十四中学教师共同的价值取向，从而形成我校特有的管理文化，达到了自我管理的管理境界，使学校管理越发简约、高效、和谐，形成积极进取、团结协作、公平竞争、共同进步的良好局面。

二、教师发展自主化，让个人愿景引领前行

我们认为，绿色的教师队伍要始终保持旺盛的发展动力。要达到这个目标，一方面必须建立促进教师发展的长效机制，如我们的"六动工程"和"四横三纵同伴互助的校本研修模式"；另一方面要寻找一样东西能促进教师保持发展动力，即"自生力"，教师自主发展的主动力。那什么能成为教师发展的动力源泉呢？是每个人职业生涯中所期望的个人成就与成功，即个人价值的实现。这种个人愿景，不是每个人都有的，也不都能自发产生，需要激发和引领发现。怎样激发？带领教师制订"职业发展规划"，能达到激发教师个人愿景引领教师主动前行的目标。

规划，是个人或组织制订的比较全面长远的发展计划，是对未来整体性、长期性、基本性问题的思考和考量，设计未来整套行动的方案。

规划是融合多要素、多人士看法的某一特定领域的发展愿景。

规划具有综合性、系统性、时间性、强制性等特点。规划需要准确而实际的数据以及运用科学的方法进行整体到细节的设计，依照相关技术规范及标准制定有目的、有意义、有价值的行动方案。其目标具有针对性，数据具有相对精确性，理论依据具有翔实及充分性。规划的制订从时间上需要分阶段，由此可以使行动目标更加清晰，使行动方案更具可行性，使数据更具精确性。规划是实际行动的指导，因此目标必须具备确定性、专一性、合理性、有效性及可行性。其作为实际行动的基础，更应充分考虑实际行动中的

可能情况，以及对未知的可能情况做具体的预防措施，以降低规划存在的漏洞或实际行动中的可能情况的发生所产生的不可挽回的后果或影响。

职业规划是针对职业困惑、面向职业发展的一系列服务的统称。事实证明，被动接受极少带来明显的行动效果。"鱼、渔"规律必须引入到职业规划中来。

职业规划就相当于"授人以渔"。职业规划的首要环节是"职业方向定位"，它是"最重要的"，它是职业生涯的"镜子和尺子"，用于看清你的职业特质，指导你5~10年的职业积累和发展。有人说它具有灯塔、航标等设施的照亮和引导作用，一点都不过分。事实上，职业方向为你聚拢心力和有限的资源，揭示出关键特质的程度差异。总之，对职业方向与职业特质的坚定把握，是从战略高度对职业成功的把握，是最有效的把握方式。

通过职业生涯规划，可以分析自我，以既有的成就为基础确立人生的方向，提供奋斗的策略；通过职业生涯规划，可以重新安排自己的职业生涯，突破生活的格线，塑造清新充实的自我；通过职业生涯规划，个人可以准确评价个人特点和强项，在职业竞争中发挥个人优势；通过职业生涯规划，可以评估个人目标和现状的差距，提供前进的动力；通过职业生涯规划，重新认识自身的价值并使其增值，通过自我评估，知道自己的优缺点，然后通过反思和学习，不断完善自己，使个人价值增值；通过职业生涯规划，全面了解自己，增强职业竞争力，发现新的职业机遇。职业生涯规划通常建立在个体的人生规划上，因此做好职业生涯规划，将个人生活、事业与家庭联系起来，让生活充实而有条理。

我们引领教师走进自己的"职业发展规划"设计。由于教师对于"职业发展规划"的认识肤浅，不愿接受，把这项工作当作负担，因此我们采取以下步骤落实：一是专家引领，我们先后邀请两位教育专家为教师进行专题讲座，告诉教师做好"职业发展规划"的意义及制定方法；二是利用专家资源，邀请专家工作室成员、"职业发展规划"做得好的骨干教师现场宣讲"职业发展规划"的制定方法及所带来的人生改变；三是带领本校领导和骨干教师先行示范，学习制订"职业发展规划"，专家逐一给予指导；四是指导全体教师制订"职业发展规划",领导和骨干教师包干指导全体教师。教师的"职业发展规划"分为三年规划和年度计划,每三年都要制订一个"职业发展规划",学校领导分头包干,帮忙把关定向。在每学年伊始,教师要分解规划制订年度个人发展计划,每学年末教师进行"个人发展计划学年总结",学校制作《教师业务档案》,记录教师发展轨迹。学校每三年进行一次达标评估,对达标教师进行表彰激励。这项工作,调动了教师发展的内在自主性和动力,很大程度上解决了教师的职业倦怠问题。

三、目标引领一致性,用共同的愿景引领教师前行

心理学大师马斯洛曾说:"杰出团队的显著特征,便是拥有共同的愿景与目的。"共同愿景是美国学者圣吉提出的五项修炼中的第三项修炼,是组织中所有成员的共同愿望、理想或目标。

个人愿景与共同愿景的关系是:个人愿景是共同愿景的前提和基础;共同愿景的实现有利于个人愿景的实现;共同愿景根植于个人愿景,但能产生远高于个人愿景所能产生的创造力。如果说教师"职业发展规划"是我们带领教师找到了个人愿景的话,那么共同愿景该怎样找到和形成呢?

共同愿景的组成有四要素,即景象、价值观、使命和目标。

所谓景象就是未来组织所能达到的一种状态及描述这种状态的蓝图、图像。景象应具有一定的气魄和诱人特性,它应该给人以希望,应该给人以激动,而不应该给人空话连篇、永远体会不到的感觉。正是如此,景象才能够成为全体成员发自内心的共同愿望;也正是如此,景象应该产生于全体成员个人愿望之上。

价值观是指组织对社会与组织的一种总的看法,即什么对我们是最重要的。

价值观与景象是有很大相关性的。某种意义上说价值观不同,追求的景象就会不同,或至少具体实现这种景象的方式途径会不同。

使命是组织未来要完成的任务过程,即我们为什么存在。使命代表了组织存在的根本理由。只有具有使命感的员工才可能创造出巨大效率和效

益，才可能有持续的内在动力。使命应具有令人感到任重道远和自豪的感觉，而这又与景象和价值观相关。没有良好的景象，使命感会消失殆尽；没有良好的价值观，使命感不会持久。

目标是指组织在努力实现共同愿望或景象过程中的短期目标，即我们将走向何方。这种短期目标可以说是总的愿望的阶段性具体目标，代表了成员们承诺的将在未来几个月内一定要完成的事件。

学校要建立共同愿景，并把共同愿景与教师的个人愿景结合起来，引领教师前行。

首先，学校通过宣讲向教师描绘绿色教育的美好蓝图，如绿色教育的内涵、外延是什么，绿色教育的校园、教师、学生是什么样子，绿色教育的培养目标是什么，让教师明晰学校的未来。在教师中开展"我对绿色教育的认识"论坛活动，鼓励教师在形成"职业发展规划"时把绿色教育的目标容纳于其中，使实现绿色教育成为个人愿景的一部分。

其次，通过发展核心价值观来形成共同愿景。一个学校如果没有核心价值观，那么这个学校一定是随波逐流无定性的组织。我们向教师提出了"四个为什么"，并开展大讨论。"四个为什么"是：我们在此是为了什么？我们学校与我们是什么关系？我们学校来自何处、现在哪里？我们未来的关键成功因素是什么？通过讨论，大家达成共识：我们是为了国家的教育事业走到一起来的，做老师是我们自己的职业选择，做好老师是我们的人生追求；学校是我们的组织和平台，是我们共同的家，我们的人生价值要在这里实现，我们要在这里实现人生理想；我们的学校还有很多不如意的地方，我们有责任为她的改变付出努力，绿色教育的实施是改变学校现状的有效途径；我们成功的因素是学习、协作、务实、创新。

同时，作为一校之长，既要兼顾眼前利益，又要考虑学校的长远发展。无论是师资队伍建设、校风校貌建设，还是管理水平的提高以及学校特色建设，都必须有近期和远期打算，制定出具体而又明确的奋斗目标，带领师生员工为实现这个美好的愿景而努力奋斗。

建立共同愿景靠的是周而复始的凝练、宣传、沟通和分享，任何强迫和勉强性的举措都可能会适得其反。建立共同愿景需要学校管理者和全体教职员工全过程、全方位、全方法、全面地将共同愿景贯彻落实到教育教学的各个方面、各个环节之中。建立共同愿景也不是一蹴而就的工程，它的建立和完善需要细致的工作和漫长的过程。领导者要善于把大家心灵深处共同的意象挖掘出来，把高级教师、优秀班主任等多年积累的教育教学经验进行凝练，把教师们的奉献精神、教学风格等凝练成学校文化，进一步构建学校的共同愿景。

当组织成员认同了组织的目标和管理方式，形成了牢固的凝聚全体教职员工的智慧和力量的共同愿景时，就会形成组织归属感和文化认同感，共同愿景之花在推进学校可持续发展中必然结出丰硕的果实。

四、业绩评价数据化，形成合作与竞争并存的管理机制

在学校管理中，什么是矛盾的焦点？怎样实现人文、民主、和谐的管理氛围？我们认为，管理者与教师矛盾的焦点在于领导能否公平对待每一位教师。面对绩效工资的发放、面对教师年终考核、面对评优评先、面对评职晋级，管理者面对众多教师利益分配的时候，面对教师各种诉求，怎样才能做到公平公正，让所有教师接受和满意，这是考量领导水平和能力的关键时刻。有的领导采取雨露均沾的方式，有的领导采取印象评比的方式，长此以往，这些评价方式就会是一种工作方式导向，进而演变为团队风气，雨露均沾就会挫伤优秀教师的积极性，印象评比就会助长团队内部搞人际关系，拉帮结派，对事业、对队伍建设都会产生不良影响，甚至会直接导致事业失败。一个好校长，首先要创建公正、公平、公开的管理机制，并以此赢得教师的信任。

通过研究，我们决定实行教师绩效考核制度，制定《大连市第十四中学教职工绩效考核方案》，交由教师代表大会讨论通过并付诸实施，所有的业绩和荣誉评价以此为依据，在竞争中创造和谐，在协作中共同进步，营造合作与竞争并存的良好环境。

学校对教师的工作进行量化考核，绩效考核包括两方面：学科教学工作和班主任管理工作，具体内容包括教学成绩、教学常规、教师专业发

展、劳动纪律、班级考核、班主任工作效果等。每月末学校将考核结果作为教师绩效工资发放的主要依据，学期末我们将半年考核累计作为半年绩效奖发放依据，学年末将全年量化考核累计作为教师年终考核、评优评先、评职晋级的主要依据。

为确保考核的准确性，学校领导要尽可能全面、细致、高频度考核以确保公正公平。在实施过程中，我们也遇到过质疑，有人说，这样的竞争影响教师间的合作，也有人说这样的事无巨细的考核，影响教师内在主动性的发挥。确实有的教师在集体备课时不发表意见，将个人优质资源据为己有，不愿分享，但经过学校领导的引领，这样的教师逐渐没有市场，逐渐被感化。我们的考核成绩包括个人成绩考核和团队成绩考核，每个人都在小团队中，小团队中的人必须精诚合作，才能取得成绩，一荣俱荣，一损俱损，久而久之，一种合作与竞争的机制就形成了。也有人说这样的考核缺乏人情味，不人文，我们想问，难道干得好与不好一个样，干得多与少一个样，这样就是人文、和谐吗？其实，这种竞争与合作，使干群关系简单化，师师关系简单化，教师们不需要在人际关系上下功夫，只需要努力工作，最简单、最和谐的人文环境形成了，老师们积极努力工作，身体虽累，但心里轻松。

我认为，再没有什么形式能如此相对准确地反映教师的工作量和工作效果，避免评价中的感情用事，使评价有足够的客观依据，很有说服力，教师们愿意接受。科学、公平的评价，是对教师工作积极性的保护，这样的管理，才有生命力。

五、人文关怀经常化，用尊重和真诚赢得教师的拥护

《吕氏春秋》中说："故凡举事，必先审民心，然后可举。"绿色教育需要一支身心健康、快乐、阳光的绿色教师队伍，而现代教育环境给教师这个群体带来了太多的压力和不安，教师的灰色心态怎么能创造出和谐、健康、绿色的教育品质？我们认为，只有快乐工作的教师，才能带给学生快乐学习的体验；只有教师健康发展，才能培养出健康的、可持续发

展的学生。作为学校,应利用各种机会和资源,引领老师们学会调整思考问题的角度和方式,学会调节自己的心态,让老师们懂得,"快乐生命"源于快乐的工作,而快乐的工作源于成功的体验,源于不断的成长,源于生活的幸福,源于平和绿色的心态。为此,学校从以下几方面入手:

1. 注重对教师的心理引导和培训。为了使教师们在集体中感受到工作的快乐、生活的幸福,学校多次邀请辽宁师范教育学院心理学博士、著名心理学家张丽华教授、隋雪教授为老师们减压增智,讲座内容涉及青春期学生的特点、社会教育的现状、家庭教育的不足、教师教育观念的转变、与家长沟通的方法、教师的自我修炼与心态的调整等。教授们深厚扎实的理论、生动活泼的案例、深入浅出的讲解让全体教师如醍醐灌顶,心态豁然开朗,解开了许多长时间难以解开的疙瘩,增强了大家的责任感,树立了健康阳光的教育心态。

2. 学校领导班子努力树立服务意识。尊重与理解是实施情感管理的基础,对教师的错误和缺点能够善意地批评、指正,对教师的优点和进步能够真诚地给予肯定和鼓励。理解就是要倾听教师的想法,了解教师的需要、愿望和要求,想教师之所想,急教师之所急。为了帮助教师解决在教育教学中遇到的困难与疑惑,领导们主动接近老师,俯下身来倾听老师的"苦水",并帮助他们解决问题,帮助他们做后进生的工作,陪同教师到困难学生家中走访,帮助他们做难于沟通的家长的工作,分担他们的分内工作,做教师的贴心人。

3. 实施校长的情感管理。所谓情感管理,是一种人性化管理方式,是一种深入到人内心世界的管理,是一种与其他管理相辅相成、相互并存而其他管理又无法替代的管理,是一种符合人的心理规律的管理。校长在一所学校中的地位举足轻重。校长的一举一动,一颦一笑,喜怒哀乐,都会对教师产生深刻影响。所以,作为校长,进行情感管理应具备以下品质:首先,要有宽容和豁达的胸怀。宽容是一种美德,是做校长应有的一种境界。校长要有海纳百川的胸襟:多一些宽容,少一点指责;多一些理解,少一点责备;多一些鼓励,少一点批评。反之,不仅不利于工作,反而容易使犯错误的教师产生逆反心理和敌对情绪。校长应"严以律己,宽以待人"，只有宽以待人才能够包容教师，才能形成民主、宽松的环境，学校才有生气与活力。豁达是一种待人处事的思维方式。豁达就是承认事实，事实一旦来临，不管多么有悖于自己的心愿，都要勇于接受，不怨天尤人。豁达能使校长趋利避害，以幽默的方式摆脱尴尬，走出困境，乐观地对待挫折，满怀热情地投入到工作中去。宽容与豁达是校长的一种良好品质，是实施情感管理的前提。

4. 信任和关心教师。信任是一种高尚的情感，是沟通人心的纽带，要善于肯定教师的能力和智慧，相信他们的诚实和善良，从而在相互信任的基础上创造学校荣辱与共、同舟共济的和谐氛围，增强每个教师的主人翁意识和责任感。"人非草木，孰能无情"。校长要关心教师的生活，时刻关心教师的安危冷暖，及时为教师"雪中送炭"。在我校，教师病了，校长都亲自到医院看望，并想方设法帮助解决实际困难。我校一位教师得了胰腺癌，校长亲自帮忙联系国内顶级专家为其手术治疗，由于治疗及时，方法得当，这种被称为不治之症的"癌中之王"，在这位教师身上得到了有效控制，目前这位老师手术后四年了，仍然健康快乐地工作着。学校教师子女的入托问题、上学问题，教师家属的工作问题，都是校长的问题，校长都积极协调解决。正如有的教师所说，我们忙碌着并幸福着。再一方面，校长要关心教师的工作环境，努力改善办公条件，为教师提供良好的工作环境，从而促使广大教师爱岗敬业，乐于奉献。

5. 注意沟通与赏识。沟通是解决问题的关键。沃尔玛公司的成功与山姆·沃尔顿的领导方式是分不开的。归纳他一生的行事作风和为人处世，可用"消除距离"来概括。校长与教师情感上的互动与沟通，是"消除距离"从而实施情感管理的有效方式。良好的沟通，不仅可以了解教师的需求，还可以改善彼此之间的关系，减少误解和隔阂，形成积极、和谐的人际关系，使教师产生团队的自豪感，增强学校的凝聚力。校长应努力营造自由开放、人人平等的氛围，通过多种沟通形式和方式倾听教师的心声。赏识是一种认可，是校长对教师工作的积极肯定。校长会识人，教师便会为有这样的领导而感到快慰，并乐意接受其领导。校长要学会赏识教师，要用赏识的眼光看待教师，要用赏识的眼光激励教师，要善于发现教师的优点，把赞美送给教师，使教师产生积极的心理体验，产生一股巨大的精神力量，并在这股精神力量的鼓舞下，努力工作，创造辉煌。运用情感管理，充分调动教师的积极性、主动性和创造性，用我们的真情和关爱换取教师的真心回报。

我校在教师队伍建设中，为教师的幸福成长搭建了平台，从整体上提高了教师的综合素质，为绿色教育的有效实施奠定了坚实的基础。

第三节 分层设标，分类培养

绿色教师队伍必须具备与绿色教育相适应的专业素养，这是我校一直重视的工作。我们把教师队伍分为四个层面：全体教师团队、领军者团队、班主任团队、青年教师团队。针对不同人群，设定不同目标，采取不同策略，进行专业素养的培养。学校周密制订了"教师队伍分类培训计划"，并严格落实。

一、针对全体教师——提高全体教师专业素养，积淀"团队优势"

教育家顾明远说："教育的本质是培养思维，培养思维的最好场所是课堂。"实施绿色教育，首先要改变课堂面貌，课堂教学改革的关键在于教师，制约教师课堂教学行为转变的最大障碍是理念的转变，而促进理念转变的根基在于教师的教育理论基础，包括教育规律、知识的发生发展规律、认知规律、学生的生长发育规律等，绿色教育的课堂首先应该是科学的课堂。为此，学校下大力气进行专业引领的通识培训。首先，校长进行了《布鲁姆教育目标分类学》的理论培训。布鲁姆教育目标分类系统自1956年提出以后，被全世界的教育界广为采用，迄今已有22种语言翻译，教育课程的教科书也多有所介绍，作为必备知识之一，2001年完成修订，广泛应用于课程、教学、评量和测验编制上，影响极为深远。布鲁姆教育目标分类法是一种教育的分类方法。修订版将教育目标的分类分成知识向度和认知历程向度，前者（事实、概念、程序、元认知）旨在协助教师区分"教什么"，后者（记忆、了解、应用、分析、评价和创造）旨在促进学生保留和迁移所习得的知识，协助学生区分"怎么学"。这是课堂教学的基础理论和基本依据。在此基础上，副校长进行了课堂教学模式和方式的系列培训，有《课堂教学设计、管理及评价策略》《高效课堂教学模式解读》等，学生核心素养系列培训，有《21世纪学生核心素养内涵及培养途径》《学校教育重点培养三大核心素养》等。教务主任、骨干教师也在年部、教研组内进行培训，开展论坛《浅谈我对核心素养的理解》等，使这种专业引领自上而下，层层落地，基于师情、基于学情，卓有成效。同时，在全体教师中大力开展读书交流活动，将读书进行到底。实行"112"模式，每学期读透一本教育教学书籍，撰写一篇读书体会，召开两次读书沙龙。让读书成为一种需要、一种习惯，使教师的精神生活充实起来，职业智慧成长起来，人文底蕴厚重起来。几年来，学校为教师选择、购买了20多种教育教学书籍。结合阅读《你在为谁工作》，学校举办了题为"感恩工作、快乐生活"读书沙龙。老师们结合自己工作谈职业认知，从不同角度表达出对教育工作酸甜苦辣的感悟和信心，精彩之处，掌声不断，动人之时，泪花闪动。通过真诚的交流，大家达成共识：教师在为国家工作、为社会服务的同时，也在为自己、为家人、为美好生活而工作，也只有自己努力工作，爱岗敬业，付诸行动，才会实现幸福人生。

二、针对领军者团队——建设高水平的教师领军团队，打造"教学名师"

1. 组建教师领军者团队，加强引领和培养。首先学校从教师队伍中选拔骨干教师和集备组长组成领军者团队，校长亲自主抓，要求领军者必须牢固树立先锋意识、领军意识、创新意识、提炼意识，明确领军团队的职责，为其他教师做学习、研究、改革的榜样。学校对他们进行一系列培养活动。校长带领领军者学习绿色教育、绿色活力课堂相关论述，学习课堂教学相关理论，要求他们深刻学习领悟绿色活力课堂的内涵；同时对他们委以重任，由他们组成"绿色活力课堂标准研制核心组"，带领同学科组成员制定《大连市第十四中学绿色活力课堂标准》。他们不负众望，按期完成任务，交由教代会讨论修正，颁布实施。学校还为领军者创造外出学习机会，几年来，领军团队主要成员先后去过丹东、山东、沈阳、上海、深圳等地中学，学习先进的教育理念和教育方法。通过外出学习，开阔视野，提升理念，回来后组织他们认真总结，在全体教师大会上进行交流分享，给全体教师带来震撼及触动。

2. 积极发挥教师领军者团队作用，进行教学引领。学校大胆起用领军者来担当帮带青年教师的任务，让他们在做中学习，在实践中成长。根据学科和能力特点，确定领军者帮带对象，制订师徒帮带计划，召开师徒结对仪式，签订师徒帮带协议。领军者要指导青年教师课堂教学全过程，分析解读教材、备课、听课、评课等，还要关心青年教师的精神成长，经常与青年教师谈心。学校聘请专家指导领军者团队制订"职业发展规划"，并在全体教师大会上公开交流，再由领军者指导青年教师制订"职业发展规划"，带动青年教师对自己专业发展有所规划和设计，激励青年教师不断前行，快速成长。学校组织领军者教师带头上绿色活力课堂新标准的示范引路课，组织同学科教师跨年级听课并评课，以此加深教师对绿色活力课堂新评价标准的理解。领军者教师还带头立项课题搞科研，认真撰写课题研究阶段总结报告并在全体教师大会上作阶段总结。

三、针对班主任队伍——开展《中小学班主任队伍建设的实践研究》，打造"教育名师"

"十三五"期间，学校绿色教育特色建设取得显著成果，但还有一些工作没有做到位，效果不理想：对绿色教育的认识和践行不够到位，有待于深入；班主任队伍建设工作任重道远，队伍年轻化，工作方法简单，缺乏工作艺术，思想工作能力弱；校园文化建设不够深入，尤其是班级文化建设薄弱。为了全面提高班主任综合素质和育人能力，帮助班主任建立优秀班集体，打造一支师德高尚、理念超前、业务精良、素质过硬、懂得教育管理艺术的班主任队伍，推动绿色教育的实施，学校立项市级课题《中小学班主任队伍建设的实践研究》。本课题从大连市第十四中学班主任和班级管理的现状着手，把"中小学班主任队伍建设"作为学校教师队伍建设与发展的重点，以马克思关于人的全面发展理论、可持续发展教育理论、终身教育理论、多元智能教育理论作为理论依据，运用文献研究法、行动研究法、问卷调查法、经验总结法，从班主任基本素养、班级文化建设、班主任与家长的沟通艺术、后进生转化艺术、班主任发展性评价策略五个方面进行理论探索与实践研究，建构了系统的班主任队伍建设的课程体系，提高了班主任教师队伍的育人及管理能力，打造了"智慧型"教师队伍，确保了学校、教师和学生真正实现内涵发展。

学校首先进行"中小学班主任队伍建设"起点调查，分析我校中小学班主任队伍建设现状，精心打造"中小学班主任队伍建设"科研队伍，建立"中小学班主任队伍建设"科研课题领导小组。由校长任组长，由副校长任副组长，整体策划，统筹布局，负责架构中小学班主任队伍建设目标体系、中小学班主任队伍建设实施途径、中小学班主任队伍建设评价体系。由校级领导、年部主任和德育主任、骨干教师作为"中小学班主任队伍建设"课题组成员，精心构建"中小学班主任队伍建设"立体实施体系，探索出"中小学班主任队伍建设"的实施途径和方法策略，最终构建了理念先进化、目标清晰化、形式多样化、主体多元化、考评多维化的中小学班主任队伍建设立体实施策略。

理念先进化。以国家纲领性文件为指导目标，以教育理论书籍为实施依据，以绿色教育理念为实践支撑，以本课题培训理论为具体指引，从思想理论到具体实践，多层次、多角度、层层细致地对中小学班主任的队伍进行指导培训，推进中小学班主任队伍建设。我校中小学班主任学习了《不抱怨的世界》《教师智慧的20个分享》《魏书生评传》《面向个体的教育》《教室里的正面管教》《给教师的一百条建议》《给年轻班主任的建议》《我这样做班主任》《教育魅力——青年教师成长钥匙》等书籍，这些书籍滋养了我校班主任教师的心灵，积淀了教育的智慧，同时为我校班主任教师的实践活动提供了实施依据，为我校班主任践行绿色教育提供了理论支撑。

目标清晰化。在中小学班主任队伍建设的起点调查中，通过问卷调查、座谈等形式，了解了我校中小学班主任在班级管理、教学育人过程中出现的困惑，包括班级文化建设、学生习惯养成、班级活动设计、后进生转化、家校和谐关系、学生发展性评价等方面，再经过领导的研究讨论，以"人文、民主、和谐、活力、可持续发展"的绿色教育核心办学理念为核心，以打造智慧型班主任队伍建设为目标，最后确定了《班主任基本素养》《班主任与家长的沟通艺术研究》《班级文化建设的实践研究》《后进生转化的实践研究》《班主任发展性评价策略研究》五个专题。这五个专题紧紧围绕着中小学班主任队伍建设这一核心进行不同的侧重实践研究，同时五个专题的研究又相辅相成，以此牵动整个学校特色建设工作。这五个专题是我校中小学班主任队伍建设中出现的共性问题，也是急需解决的问题，更是本课题研究的主要对象。

形式多样化。探索出"中小学班主任队伍建设"的多样化实施途径。通过专题讲座、案例研究、现场观摩、技能大赛、论文总结、科研牵动等形式，多角度、全方位地调动班主任参与的积极性，全面提升班主任的教育实践能力。

主体多元化。探索出了在中小学班主任教师队伍建设过程中，实践的主体要多元化。培训形式的多样化决定了培训主体多元化。通过专家讲座、领导培训、个人学习、师徒帮带、班主任工作室等多元化的主体，全方位地提升中小学班主任队伍的个人素养和育人能力，推动我校中小学班主任队伍建设的有效实施。

考评多维化。我校探究出以班主任发展性评价为核心的多维度考评。通过研究实践，我们确立了"自我评价——同伴评价——领导评价"相结合，"结果评价与过程评价"相结合，"量化考核与评先评优"相结合，"学习成绩——习惯养成——大型活动"相结合的多元化、多维度、多角度的班主任发展评级性评价模式。这种考评的多维度大大激发了班主任的工作热情，促进了班主任教育观念的转变，改善了师生关系，班主任在教育中更加注重学习态度、情感、管理方法的运用，强化了班主任的育人意识，使班主任能更好地践行绿色教育。

研究中我们构建了中小学智慧型班主任培训课程体系框架图，并汇编大连市第十四中学智慧型班主任队伍建设培训课程《灵犀一点，融春风，化雨露》（校本教材）。课程体系包括班主任基本素养、家校沟通、班级文化建设、后进生转化、班主任发展性评价五个部分。其中班主任基本素养分为"理论引领，科学施教；法规培训，规范行为；内修外辅，提升内涵"三部分。班级文化建设方面的培训分为"建好班风，树立正气；培养干部，明确职责；制定班规，科学管理；巧借活动，塑造班魂"。家校沟通方面的课程包括"家校携手，走进初中；分类沟通，注重实效；尊重合作，讲求艺术"。后进生转化方面的课程包括"尊重差异，呵护心灵；科学转化，讲求方法；案例分享，名家引领"。通过我校全方位、系统化的班主任队伍课程的建构，我校中小学班主任教师队伍的素质、能力、个人水平上升到一个新的高度，逐步走向专业化。同时，我校的班主任教师队伍培训课程全方位拉动了学校绿色教育特色建设的实施进程，曾多次为其他兄弟学校做现场观摩，受到了诸多兄弟学校的表扬。

研究中，我们还汇编了大连市第十四中学智慧型班主任心得体会案例集《建瓴泽慧耕耘路，且看春华化秋实》（论文集），大连市第十四中学德育校本教材《在故事中长大》和《走进初中》，大连市第十四中学德育校本课程《在故事中长大》实施的案例视频（光盘），大连市第十四中学学生《填满绿色评价体系》活动视频（光盘）、《绿色足迹》评价手册。

四、针对青年教师——加强青年教师队伍建设，储备"新生力量"

1. 坚持"青年教师导师制"。学校为每名青年教师配一名思想作风硬、学术水平高、教学经验丰富、治学严谨的指导教师，指导教师由领导者担任，一对一进行帮带指导，充分发挥领军者的"传、帮、带"作用，向青年教师传播我校教师勤奋好学、敬业奉献的光荣传统，帮助青年教师熟悉教育教学过程，传授教育教学经验，带领青年教师积极投入到绿色教育的建设中。学校专门举行"师带徒"签约仪式，责成师傅帮助青年教师制订"职业发展规划"，按学科进行教学基本功专项培训，提升青年教师基本教育教学能力。青年教师要先听师傅课，后上课，上课前必须由师傅对教案进行把关，以确保教学方向。青年教师主动承担组内研讨课，每月不少于一次，并要主动请师傅为自己的备课提供指导意见。

2. 坚持"青年教师培训课程化"。针对青年教师教学能力的缺欠，学校对青年教师有计划地进行"入职教育""教学基本功""课堂教学设计""课堂教学管理""班主任基本功"系列专题培训。这些课程是青年教师的必修课程，"入职教育"由校长担任，其他课程有的由副校长担任，有的由中层领导、骨干教师担任。学校还组织青年教师每月召开一次教学研讨会，对本月的研讨课展开交流研讨，提炼闪光点，查找不足，组内成员帮助提出更为科学合理的建议，以不断提升他们的教学能力；每学期组织青年教师进行一次"课堂教学大赛"，汇报自己的成长硕果，同学科组教师参与听课、评课、研讨，促进青年教师在较短时间内，最大程度地提升教学基本功。系列化的培训使我校青年教师快速成长，成为实施绿色教育的新生力量。

第四章　校本科研——牵动提升教师素养的主线

《大连市第十四中学"十三五"发展规划》的主题是进一步深化绿色教育。它的目标之一是建成一支智慧型的教师队伍，即促进教师成为具有健康教育情感、创新教育思维、较高专业素养的人，具有绿色教育理念和实施能力的人。智慧型教师要掌握较强的教育教学理论，要有进行教育教学科研的能力，因此探索和创新校本研修模式，深入开展教学科研，是智慧型教师队伍建设的必由之路。

多年来，我校在教育科研方面投入了很大的精力，也取得了很大成效，2016年被评为我区中学唯一一个辽宁省校本研修先进单位。

第一节　校本研修的思考与实践

校本研修是由校长组织领导的，主要在教师任职学校展开的，和学校、教师实际紧密结合的一种教师继续教育活动。校本研修就是落实"科研兴校"的具体举措。"科研兴校"是指学校通过广泛深入的教育科学研究，实施教职工的全员校本培训，提高教职工的教育素质，实现全面提高教育教学质量和办学效益之目的。"科研兴校"中的科研是特指结合教师自身发展需要和教师所在学校现实教育教学问题进行选题所开展的教育教学研究。学校通过倡导全员参与教育科学研究，实施学校教职工的全员校本培训，提高教职工的教育理论水平和教师职业道德修养，营造良好的学校文化和学校精神，实现提高教育教学质量和办学效益之终极目的。

形成机制是校本培训的根本。近年来，我校的校本研修工作之所以开展得卓有成效，是因为我们建立了良好的运行机制。

一、建立"四级运行机制"

我校校本研修工作机制健全，责任明确，链条清晰：校长统筹部署—教学副校长、副书记主抓实施—中层领导全力协助—教研组和集备组有效落实。学校按照以上"四级运行机制"有序开展教师研修活动：（1）校长担任领导小组组长，负责规划和统筹校本培训工作；（2）副书记、副校长担任副组长，副书记主要分管教师的思想政治工作和师德建设，副校长分管教师"校本培训"工作的计划、组织、管理和考核工作，包括计划的制订、课程的设计和开设、教师的聘请、时间地点的安排等；（3）中层领导，包括年部主任、团委书记、政教主任，负责协助落实具体工作；（4）教研组长、集备组长具体参与配合组织研训工作。教师分为学年部、大学科组和集体备课组，学校根据不同的需要，对不同的组别进行不同内容的学科素养培训。同时，教师组织中还有党支部、党小组、教育工会和教工团支部，学校也定期组织开展党、团、工会活动，以提升教师的思想政治觉悟和人文素养。

二、建立"考核激励机制"

按照"需要理论"分为物质层面的激励、精神层面的激励和信息层面的激励，我校制定并经教代会讨论通过了一系列的表彰激励机制。物质方面的激励机制有：

（一）"绿色活力课堂"和"优秀集备组"认证评价激励机制

我校自2014年3月开始对"绿色活力课堂"和"优秀集备组"进行认证评价，设立奖励，每月计入绩效考核，这极大地调动了广大教师积极备课、精细备课、备出精品课、上出示范课的积极性，这在教师的专业发展和专业追求上是一个新突破。

（二）"教师分层追星"激励机制

我校每学期期末进行"教师追星表彰会"，给获奖教师以适当的物质奖励，以鼓励青年教师向"成熟型教师"追星，中青年教师向"研究型教师"追星，中老年教师向"专家型教师"追星。引导教师加强专业研究，不断提高专业发展水平。

（三）"优秀教师表彰"激励机制

每学年伊始，学校都要举行隆重的新学年开学典礼，暨"优秀教师表彰会"。表彰那些积极学习、努力工作、有较强的育人能力和教学能力的好教师、育人能手、教学能手、优秀领军者，以及优秀教学团队等，以此引领教师追求进步，规划未来，谋求发展。

在精神层面的激励上，我校对在校本培训工作中业绩突出、成绩突出的领导、教师，在入党、评优评先、提干、外出进修等方面优先安排。

在信息层面的激励上，主要是优先安排外出学习，激励教师不断进取。

三、建立制约机制

制约机制主要有组织制约、思想制约、舆论制约与制度制约等。

组织制约是充分发挥学校党组织的战斗堡垒作用，开展"党员承诺践诺工程"党建项目研究，开展亮身份、亮承诺、亮业绩"三亮"活动，党支部把党员的照片、承诺和取得的荣誉，经过精心制作后张挂在老师和学生都能够看得见的地方，让党员时时提醒自己的身份，时刻接受群众的监督。每半年开展一次"三岗"即"教学示范岗""班主任示范岗""服务示范岗"评选，树立身边的党员典型，为党员践行承诺提供平台，以党建项目研究促进党员教师牢记新时期党员的历史使命，自觉完善提升，争当岗位先锋。同时建立学习型组织，如领军者团队、师徒帮带团队、班主任团队，开展团队业务能力竞赛评比，激发学习研究动力。

思想制约就是加强教育引领，明确校本培训是开发教师智力资源，实施可持续发展战略的需要，激发教师自主发展。

舆论制约就是形成良好的舆论氛围，以学习为荣、培训为荣、研究为荣、成长为荣。开展"师道传承者"评选和事迹展播活动，在教师中评选师德优秀、业务突出、善于研究学习的教师，并将他们的事迹发布在学校公众平台，在教师、学生、家长间广泛宣传，弘扬"师道传承者"的事迹，引导社会尊师重道，用积极的舆论氛围鼓舞教师进取，赢取学生、家长、社会的尊重。

制度制约就是制定了一系列的规章制度，用制度规范参加校本培训的教师的行为，把参加培训和培训的效果作为教师年度考核的重要依据。我校有《教师师德考核方案细则》《教师教育制度》《教师教育考核激励制度》《骨干教师培养制度》《班主任培训制度》《青年教师培养制度》《集备组备课制度》《领导月课堂教学认证制度》《组内课题研讨制度》《教师自主学习制度》等制度，这一系列制度的制定，确保了我校校本研修工作的实效性。

还有一项制度是《教师职业发展规划制订与考核制度》。我们把绿色教育下的教师队伍定义为具有自生力的教师队伍，即怀有强烈的研究意识，具备较强的自我发展能力，适应社会和学校发展要求的教师群体。我们认为，要想使教师队伍保持旺盛的发展动力，一方面必须建立促进教师发展的长效机制，如我们的"六动工程"和"四横三纵同伴互助的校本研修模式"；另一方面要寻找一样东西来促进教师保持发展动力，即"自生力"，教师自主发展的主动力。那什么能成为教师发展的主动力呢？那就是每个人事业生涯中所期望的个人成就与成功。因此，我们通过教师"个人职业发展规划"，引领教师不断前行。在每学年伊始，教师重新制订个人发展规划，定期上交，领导分工审阅，分层指导，面对面点评。每学期末，教师进行"个人发展规划学期反思"，每学年末进行"个人发展规划学年总结"，并根据《规划》完成情况进行考核奖励，很大程度上解决了教师职业倦怠问题。

四、完善保障机制

除了组织保障外，学校还为校本研修工作做好物质保障、时间保障、师资保障。学校具有高标准的硬件设施，信息技术资源雄厚，校园网畅通，无线网全覆盖，普及电子白板，教师人手一台笔记本电脑，处于全区先进水平。我校充分保障教师校本培训的时间。校本培训的师资来源是立足本校，面向全市，即首先发挥好校内领军者教师的作用，然后充分利用全市教育专家、优秀教师的资源。近年来，我校积极邀请校外专家助力教师专业培训，曾多次聘请辽宁师范大学教育学院院长、博士生导师朱宁波教授，大连市教科所所长梁卫，甘井子区教育局特聘教育专家宋学红等亲临我校对教师进行课程开发、教学和科研、特色建设等方面的专业培训。宋学红专家还带领中山区名师工作室成员到我校进行现场研究活动展示和交流，教师们亲眼看见大师风采，亲耳聆听专家观点，亲身感受到了与同伴的距离，深受启发和鞭策，备受鼓舞，一批骨干教师和领军者涌现出来。这些优质资源对我校校本研修工作起到了很大的保障作用。

第二节　抓实校本培训"六动工程"

一支优秀的教师队伍是一所好学校的根基，更是学校可持续发展的生命力所在，所以，我校在教师校本培训上花大气力，努力提升教师的教育教学素质。

我校遵照自学与培训相结合，教研与科研相结合，培训与研究相结合的原则，力求使校本研修工作能够解决教学和教师的实际问题，能引领教师的专业成长。因此，我们注重研究内涵，研究的课题均来自教学，来自教师。为确保研究工作的有效落实，我们构建了多维立体的同伴互助网络，组建不同层级的学习组织，让教师在不同的组织当中开展不同层次的研究活动，各组织之间互相联系，互相促进，实施"六动工程"，从六个层面进行和谐联动，通过形式创新确保研修实效。

一、课题牵动

教育科研是学校改革和发展的第一推动力。苏联教育家苏霍姆林斯基说："如果你想让教师的劳动能够给教师带来乐趣，使天天上课不至于变成一种单调乏味的义务，那你就应当引导每一位教师走上从事教育科研这条幸福的道路上来。""工欲善其事，必先利其器"。对教育教学工作而言，教育科研就是那块"不误砍柴工"的磨刀石。实施"科研兴校"战略，就是要以科研为先导，以科研促教研，使教育科研为推进学校特色教育服务。

教育科研能提升教师的教育理念，确立正确先进的教育观、教师观、学生观；它能提升教师的经验，使教师从经验走向规律，从个别走向一般；它能提升教师的水平，使教师的认识从现象走向本质，它能使教师的认识和实践产生质的飞跃，提升到一个新的境界。确立研究课题，用科研课题牵动，是进行教育科研的首要一环，在教育科研中具有重要意义。

我校坚持"教学研究常态化，常态教学研究化"，通过科研课题引领教师专业发展。全体教师能静下心来育人，潜下心来研究，做到"人人有课题，个个能研究，学科出特色，研究出成果"，形成"人人参与科研，个个有课题"的科研氛围，努力形成"研、修、培"一体的校本研修体系。

学校建立了三级课题管理的框架：第一级是校长项目负责制，校长是学校教科研的第一负责人，同时也主持课题研究工作，侧重于办学思想、学校品牌打造、制度文化建设等宏观问题的研究。第二级是校本团体协同科研，是骨干教师作为主持人的立项课题和教研组组际课题，在课题组和教研组内部开展团体协作课题研究，侧重于部门工作需求和教育教学中的中观问题研究。第三级是教师自主研究，是教师在一、二级研究的视野内，结合自己的实际需求和兴趣，自主确立的课题研究。另外，我们还提倡微小课题研究，它是一种"草根式"的小型化研究，是一种"自下而上""土生土长"，具有乡土气息的研究。

几年来，我校建立的一级课题有省"十一五"重点课题《初中校园文化建设的研究》、"十二五"省级课题《实施有效德育，创建特色学校研究》、"十三五"市级课题《中小学班主任队伍建设的实践研究》，二级课题有生涯课题组的市级课题《初中学生生涯发展教育校本课程的开发和实施研究》、语文组的《课堂教学目标分解研究》、英语组的《初中英语单元话题作文的有效教学策略》《点读技术支持下的中小学英语课堂教学模式探索研究》等，三级课题有《初中化学实验教学有效性策略的研究》《初中古诗词与现代诗教学的差异与对策研究》《"翻转课堂"理念下初中英语读写课教学的有效设计》等。同时，学校把问题转化为课题，在全校范围内开展课题研究：根据我校教师存在的课堂教学效率不高的问题，实施了《美在课堂》的教学研究；为了深化课堂教学改革，我们进行了"课堂上的研究性学习策略研究"；为提高课堂教学效果，进行了"学科教学与现代化教学手段融合的研究""优化课堂教学设计的研究""提高课堂教学思维含量的研究"。

做课题切忌纸上谈兵，要以理论为指导，以实践为阶梯，脚踏实地，逐层攀登，要从小处着眼，研深研透。学校要以课题研究为抓手，展开理论培训、课堂实践、教学研究、同伴互助等研训活动。

以语文组的《课堂教学目标分解研究》为例。这项研究是基于布鲁姆教育目标分类学的理论学习。我校对全体教师进行了通识培训，语文组的教师深受启发，决定依据理论，开展课堂教学目标分解研究。

研究目的：将原有的笼统、模糊的教学目标表述，用布鲁姆目标分类学的词汇进行精准分解，准确表述。在课堂教学中，教师按照认知历程向度（记忆、理解、应用、分析、评价和创造）的层级准确把握每一个目标，协助学生区分每一个目标"怎么学"，最大程度帮助学生保留和迁移所习得的知识。

研究过程：学习理论，掌握理论要义；依据理论，分解目标；课堂实践，检验效果；集体反思，修改调整；再实践、再研究。

研究内容：

1. 教学目标的主体——学生。

2. 划分知识内容和认知过程。

3. 用布鲁姆教育目标分类、教育目标表述常用动词，对初中语文课程标准及教学目标进行分析，用教学目标的表述结构——动词+名词来表述。

4. 根据表述分析确定知识呈现方式。

5. 将教学设计应用于课堂教学实践。

认知历程向度	常用动词
记忆	了解、识记、记忆、记住、背诵、熟悉
理解	理解、解释、比较、叙述、归纳、描绘、掌握、举例、用自己的话说出……

续表

应用	列举、提取、运用解释、想象、撰写、重写、概括
分析	分析、辨别、区分、概述、分解
评价	检查、判断、评论
创造	新编、创作、改编、续写、仿写、设计、建构

教学目标设计案例

	原稿	修改稿
知识与能力	整体感知课文，厘清文章脉络 准确把握文章主题 领会课文按空间顺序安排材料的写法	①了解作家作品及写作背景 ②准确掌握课后重点词语的音形义，并能运用四字词语造句 ③整体感知课文，厘清文章脉络，能够用简洁的语言准确概括各部分内容 ④准确把握文章主题 ⑤体会插叙的作用
过程与方法	自读批注，小组合作探究，教师点拨	①查阅资料，了解作者及写作背景并批注到书上 ②查找工具书，准确掌握字词音形义，并能够辨析与"鉴""霄"形近的字，能区分"宿""拗"在不同语境中的不同读音 ③通过自读批注，小组合作探究，教师点拨引导，能够厘清文章脉络，准确概括各部分内容，把握文章主题，体会插叙的作用
情感态度与价值观	学习鲁迅从小热爱大自然、热爱自由生活、追求新鲜知识的精神	学习鲁迅追求新鲜知识的精神，感受他从小热爱大自然、向往自由生活之情，并能够用自己的眼睛和心灵去发现感受生活的美好

教学设计 乔红艳

课题	从百草园到三味书屋1
教学目标	知识与能力：①了解作家作品及写作背景；②准确掌握"宿儒""倜傥"等重点词语的音形义，并能运用"人声鼎沸"四字词语造句；③通读课文，厘清文章脉络，能够用简洁的语言准确概括各部分内容；④准确理解文章主题，并能用自己的语言准确概括；⑤进一步领会插叙的作用 过程与方法：①查阅资料，了解作者及写作背景并批注到书上；②查找工具书，准确掌握字词音形义，并能够辨析与"鉴""霄"形近的字，能区分"宿""拗"在不同语境中的不同读音；③通过自读批注，小组合作探究，教师点拨引导，能够厘清文章脉络，准确概括各部分内容，把握文章主题，进一步领会插叙的作用 情感态度与价值观：学习鲁迅追求新鲜知识的精神，感受他从小热爱大自然、向往自由生活之情，并能够用自己的眼睛和心灵去发现感受生活的美好

续表

课题	从百草园到三味书屋1
教学重点	厘清文章脉络，领会课文按空间顺序安排材料的写法
重点突破方法	从题目入手，细读课文，找体现时间节点的词语句子
教学难点	准确把握文章主题
难点突破方法	结合具体内容以及写作背景分析把握作者情感

目标实施过程

教学环节及时间预设	教学内容	师生活动设计	对应目标达成
一、语文课前活动（5分钟）	《朝花夕拾》	师：点评展示小组的表现，并予以加分；对于4号同学只要声音响亮、表达流畅就可以加1分，可以拿稿 生：3号同学结合幻灯片概括文章内容及主旨；1、2号同学背诵精彩语句并赏析；4号同学主持	
二、导入（1分钟）	提起鲁迅，人们常常会想到他的严肃、庄重，但是打开他的童年之窗，我们会发现，那里却是另外一道风景：灿烂的春光中有童真，无味的冬日里也有情趣；自由玩耍中充满幻想，严肃的学习中也不乏快乐。让我们一起走进鲁迅的童年，探索一下他成长的足迹吧！哪一位同学来介绍一下有关鲁迅的情况？	师：创设情境，引入新课 生：酝酿情绪，学习新课	
三、自学展示与检测（10分钟）	1.作者介绍：鲁迅（1881—1936），本名周树人，浙江省绍兴市人，伟大的文学家、思想家、革命家。著作有杂文、小说、散文、诗歌等，收在《鲁迅全集》里。本文写于1926年，是一篇回忆童年生活的散文，收在《朝花夕拾》（原名《旧事重提》）	师：出示PPT，明确文学常识重点 生：结合批注介绍作者及写作背景	①了解作家作品及写作背景

续表

教学环节及时间预设	教学内容	师生活动设计	对应目标达成
三、自学展示与检测（10分钟）	2．写作背景：《从百草园到三味书屋》这篇回忆性散文写于1926年9月18日。"三一八"惨案以后，鲁迅被反动当局列入拟通缉的北京文教界五十人名单，鲁迅难以公开和反动势力进行斗争，被迫于1926年应厦门大学的邀请离开北京。鲁迅到厦大正值暑期，学生还没有开学，鲁迅回忆起少年时的往事，写下了这篇散文。这篇散文最初发表在《莽原》半月刊第19期上，后来鲁迅把它和《旧事重提》的其他九篇一起编入《朝花夕拾》这个散文集中 3．《朝花夕拾》 《朝花夕拾》是一部散文集，共收集十篇文章，大部都是回忆自己童年、少年时代生活的。写这些文章时鲁迅先生已经四十多岁了。"朝花"喻童年美好的生活，"拾"指回忆往事。百草园，绍兴城内鲁迅家房屋后面的园子。三味书屋，在鲁迅家附近，鲁迅小时候（12岁到17岁）在这里读书 4．读准字音、理解词义 确凿（　）菜畦（　） 桑葚（　）斑蝥（　） 脑髓（　）鉴赏（　） 竹筛（　）秕谷（　） 书塾（　）宿儒（　） 蝉蜕（　）油蛉（　） 倜傥（　）拗（　） 盔甲（　） 锡箔（　）脊梁（　） 蟋蟀轻捷云霄臃肿 人声鼎沸人迹罕至	师：提问小组3号读准字音，提问小组2号解释词语，提问小组1号展示造句；组织学生进行1分钟重点字词音形的动笔练习；点评学生造句，引导学生关注语境的设置 生：各组3号轮流读字词 　　各组2号解释疑难词语 　　各组1号展示造句	②准确掌握"宿儒""倜傥"等重点词语的音形义，并能运用"人声鼎沸"四字词语造句

续表

教学环节及时间预设	教学内容	师生活动设计	对应目标达成
四、初读阐释	1．本文题目为《从百草园到三味书屋》，你从这个题目中得到了哪些信息？ 明确：点明全文包括两部分内容，记叙了两个地方 点明了作者由童年玩乐到长大读书的成长过程 2．五分钟默读课文，分别找出写百草园和三味书屋的起止句，并思考作者是怎样把两部分内容联系在一起的 明确： 百草园（第1段~第8段） 三味书屋（第10段~第24段） 过渡段：第9段	师：指导学生从题目入手分析文章内容，挖掘文章主题，侧重提问1、2号学生 生：思考后回答，结合课前批注 师：明确问题，组织学生默读课文，巡视督促学生认真读文，并补充完善批注；组织组内交流批注结果，2号发言，其他人补充；提问明确文章结构并板书 生：1．默读课文，结合老师的问题完善阐释型批注；2．组内交流阐释型批注结果；3．各组1、2号代表回答问题	③通读课文，厘清文章脉络，能够用简洁的语言准确概括各部分内容
五、研读思考（18分钟）	百草园给作者留下了太多的美好回忆，那么作者对三味书屋有着怎样的情感呢？ 明确：1．问"怪哉"是怎么回事？ 2．折腊梅花，寻蝉蜕，捉苍蝇喂蚂蚁 3．用纸糊的盔甲套在指甲上做戏 4．用荆川纸蒙在小说绣像上画画等 运用过渡段，而且都为中心服务，通过对百草园和三味书屋的回忆，表现作者儿童时代对自然的热爱，对知识的追求，以及天真、幼稚、欢乐的心理 德育渗透：学习不一定都枯燥乏味，而且苦与甜也只是对比而言	师：指导学生默读概括，完善批注，思考问题；组织小组交流，由1号开始发言 提问明确，此处鼓励学生各抒己见，但要能从文中找出依据，同时教师补充写作背景，引导学生准确把握主题	

续表

教学环节及时间预设	教学内容	师生活动设计	对应目标达成
五、研读思考（18分钟）	补充介绍写作背景：对于《朝花夕拾》全集的写作缘起和本意，鲁迅有过明确说明。他在《朝花夕拾·小引》中说道，这本散文集是在北京至厦门这段时间写的，在广州编定，其时正是鲁迅生活中最辗转流徙，心情最苦闷的时候。为了"在纷扰中寻出一点闲静来"，鲁迅只能借回忆旧时的美好的事物，来排除目前的苦闷，寻一点"闲静"，寄一丝安慰。《从百草园到三味书屋》正是在厦门大学的图书馆楼上写的，当时他"是被学者们挤出了集团之后"，只好借这样一朵儿时的"小花"来排遣寂寞。《小引》还说明，原来集名是"旧事重提"，后改为"朝花夕拾"。这组散文，正是浸透儿时故乡瓜果的清新甜美的滋味的小品，就像鲁迅书桌上的那盆"水横枝"，树叶青葱得可爱。所以鲁迅把这美好的回忆散文，比作一组晨光里绽开的花朵，拾来自赏、自慰。可以说，《朝花夕拾》是一曲少年时代生活的恋歌	生：1. 再次默读三味书屋部分，完善批注，思考问题，找出依据；2. 小组交流概括的时间，体会情感，各抒己见；3. 班级内展示交流结果，要结合具体事件分析作者情感	④准确理解文章主题，并能用自己的语言准确概括；⑤进一步领会插叙的作用

在课题研究过程中，有集体理论学习，有集体讨论研究，有课堂教学展示和研讨，有教学设计展示和分析，在课题牵动下，集科研、教研、培训工作于一体，实现了问题课题化，课题课程化。

2011年立项的课题《实施有效德育，创建特色学校研究》，历经两年的研究，于2013年9月顺利结题，被辽宁省教育科学规划办授予"优秀课题"，2015年8月被评为"辽宁省优秀教育科研成果二等奖"。市级课题

《初中学生生涯发展教育校本课程的开发与实施研究》正在研究中,其他课题都已经顺利结题。

二、组内互动

托马斯指出:"教师专业发展思想的一个重要转向就是将关注的重心从个人化的努力转向学习者的共同体,在共同体中,教师通过参与合作性的实践来滋养自己的教学知识和实践智慧。"学习不仅仅是向书本学习,相互研讨交流也是一种学习,而且是更重要的学习。因为研讨交流的过程,实际上就是大家的思想相互交锋、相互碰撞的过程。思想交锋和碰撞的结果,不仅会使人接纳更多的思想,让先进的东西充实自己的头脑,而且会产生创新的火花,引发更深刻的思考。如果我们在开展教师继续教育活动时,也经常组织一些如某种沙龙或某个论坛之类的互动研讨,那么大家就有机会聚集到一起,围绕相互感兴趣的话题,提出各自遇到的问题,共同探讨解决问题的办法。大家可以敞开思想,自由漫谈,甚至可以相互争论,互动研讨活动就会成为教师学习理论、研讨问题、交流经验的平台,成为教师专业成长的摇篮。为此,学校加强学习共同体的建设,深化集备组和教研组的功能,以集备组为基本单位进行研修活动,实施"1312"的互动模式,即每周3次的集体备课,每周1节的组内研讨课,每月1次课题研讨,每学期2次教研组沙龙。大家在同伴互动中主动学习和提高。

课堂上的精彩、课堂的效益来自教师课前的精心备课,教学质量的高低来源于教师能够掌握教学工作的实质,科学施教。学校将教学问题转化为课题,把课题研究融入教师日常教学行为中,引导教师不断进行研究和探索。我们的主要做法是让老师带着课题去备课和上课。集体备课可以概括为"一主讲、二研讨、三再备、四反思",其基本运作流程为"备课组长安排教师个体主讲—集备组集体研究确定教案—教师个人二次备课—集体教学反思"。一主讲是每次集体备课前由组长指定一人准备主讲案,集体备课时主讲教师要讲教学目标、讲重点与难点、讲课前准备、讲教学思路、讲教学过程和设计、讲学力培养、讲学生合作探究内容与方式、讲时间分配及练习设计等，同时要讲所研究课题的观点在课堂教学中的应用和体现；二研讨是重点研究课题下问题情境的创设是否引人入胜，教学活动的设计是否科学可行，研究课题下如何设计学生实践活动，如何让学生参与、体验、感悟学习过程，促进思维能力提高，研究如何有效组织合作学习、探究学习，要在确定有合作学习必要的前提下，着力探讨组织合作学习的时机、内容和方式，明确合作小组成员的分工等问题；三再备是指每个教师要根据集体研讨的方案进行二次备课，在此过程中，教师要理解消化集体备课中形成的方案，根据所教学生的实际情况和教师本人的教学特点，进行二次加工，确定适合的教学实施方案；四反思是在授课之后、下一次集体备课之前的环节进行的，由组长主持对上一节授课情况进行集体反思，总结课题研究的得与失，经验与教训，为今后的教学提供借鉴。

以集备组为基本单位进行研修活动，改就课论课式的集体备课为课题引领下的备课。一是坚持问题即课题、教学即研究、成长即成果，引导教师关注课堂，关注学生。二是坚持领导承包学科组，带头教研。全体领导深入集备组组织开展课题研究工作，承包领导既是领导者又是研究者，真正把课题研究工作抓好抓实。三是落实制度激励，营造良好氛围。学校各种评价中对课题研究进行适当倾斜，制度的导向和激励作用调动起广大教师参与课题研究的积极性，形成了人人有课题、时时做研究的良好氛围。青年教师迅速成长，老教师也得到不断提升。

每周一次组内研讨课，即围绕集备组确立的课题，每周由集备组内的一名教师围绕着研究课题上一次研讨课，组内其他成员听课观摩，课后大家针对观摩课共同探讨课题的落实情况，结合自己在教学实践中的研究进行交流，共同改进提高。

学校实行每月一次组内课题研究制，即每月在集备组内进行一次课题研究的阶段性交流，教师将个人实践研究的体会和认识，结合教育教学理论的学习，进行理论联系实际的总结提升，极大提高了教师的理论水平和实践能力。

我校实施教研组与备课组并存制，每学期两次教研组沙龙，主要针对学科教学的某些热点和难点问题进行论坛活动，如《高效教学漫谈》《小组合作学习有效策略》等。这项活动有力激发了教师的教学研究热情和学习的主动性，提升了教师的理论水平和实践能力。

三、骨干带动

学校充分利用骨干教师的资源，努力发挥骨干教师和领军者团队的引领作用。

学校聘请专家对全体教师进行教师个人发展规划方面的培训，并针对骨干教师做了个别详细的指导，由骨干教师牵头在全体教师大会上做个人专业发展规划的汇报展示，并由骨干教师指导培养青年教师制订个人发展规划，以点带面，促进了整个教师团队的专业发展。

学校实施骨干带动"111"模式，即骨干教师每学期1节示范课，每学期主持1次专题培训，每学期帮带1名青年教师，增强骨干教师的责任感、使命感。

骨干教师每学期都要上1节示范引路课，课后组织教师评课，以此调动和引导青年教师打磨课堂，提高课堂效率；骨干教师每学期都要帮带一名青年教师，即每名市、区骨干教师要带1个徒弟，签订师徒帮带责任状，徒弟每周至少要听师傅3节课，师傅至少每两周听徒弟1节课，并对徒弟进行教学诊评活动；骨干教师每学期要对本学科教师进行一次专题培训，学校要求骨干教师带头做课题，采用以点带面，全面铺开的方式，让更多的教师学会做课题研究，从而引导教师依托课题研究，立足课堂，开展创新研究，促进教师学习、思考、交流、互动，形成共同学习、乐于研究、勇于创新的氛围，推动课堂教学向更科学、更高效迈进。

四、读书促动

学校是文化之所，教师属文化之人。文化之人，其中一个重要的标志就是拥有一定的阅读力。让阅读成为习惯，让思考成为生命。教师的阅读，决定着教师的成长；教师的成长，决定着教育的振兴；教育的振兴，决定着中国的未来。

关于读书，众多有识之士进行了精辟的阐述。苏霍姆林斯基说："学校应当成为书籍的王国。"朱永新说："阅读是教育大厦最重要的基石。一所没有阅读的学校永远不可能有真正的教育。"特级教师高万祥说："好教师一辈子只做两件事——读书和教书，读书利己，教书利人，教师的幸福在于二者是完全统一的。"哲学家周国平认为，只有教师爱读书、会读书，成为真正的读书人，才能在学校里形成一种风气，把学生也熏染成爱读书、会读书的读书人。2012年度中国教育报十大读书人物凌宗伟认为，当"读书人"和"教书人"成为真正的同义词，当教师将"读书"与"教书"融为一体时，教师才可能带着对教育的理解和对课堂的认识，坦然地走向讲台，面对充满渴望的莘莘学子。

读书是教师"输入思想"和"输出智慧"的桥梁。让读书真正成为教师的自我培训，是改善核心素养成本最低的自我成长，更是教师觉醒和增加良知的阳光大道。通过阅读，寻觅教育的理想与信念；通过阅读，助力自己的专业成长；通过阅读，完善自身的知识结构。教师在阅读中找到了教育的方向感，从先哲的经典中确立了教育的参照系，并在自己的课堂里看到了自我实现的意义。教师唯有通过读书了解新的教育思想和教育理念，开阔自己的教育视野和教育境界，更新自己的教育行为和教育方式，才能最终实现提升教师自身专业素养的目的。可以说，读书是教师教育职业的内在诉求，是教师内心真实需求的呼唤。作为教师，无法回避这样的事实：自己的职业角色决定了在自己的专业成长中必须具有阅读的期待。

读书是教师最好的备课，每天不间断地读书，跟书籍结下终身的友谊，就是一种真正的备课。读书还能使教师摒弃职业倦怠，永葆对教育对学生的那份热爱。因为读书，有一个更好的自我，在前面不远的地方等着。

为了促进教师的自主学习，提高教师的素质，生成学习上进、严谨博学、和谐健康的教师文化，以适应高素质师资的要求，学校开展了"与大师对话"读书活动，大力提倡教师阅读教育专著，倡导教师大量自主读书，记录读书体会。学校每年都为教师购买书籍，如《仁爱之师》《给教师的一百条新建议》《教师的幸福人生与专业成长》《英才是怎样造就的》《把信送给加西亚》《正面教育》《课堂改革高效密码》等，建立了教师专用阅览室，购入了大量图书，订阅了近200种教育期刊和报纸。每学期召开1~2次教师读书沙龙，教师之间畅谈读书体会，交流思想感受，形成了浓厚的学习氛围。如在以"让书香弥漫校园，让书香浸润人生"为主题的读书沙龙上，老师们分别以读《诗书满腹气自华》《把信送给加西亚》《论语》《感激书籍，伴我成长》《读书增智》《英才是怎样造就的》有感为主题进行了精彩发言。汇报中，他们阐述了读书后的感想和对教育新的认识，交流了自己在教书育人中所受到的启迪和改变。通过多次的读书交流，广大教师慢慢达成了共识：读书的人才是健全的人，才是积极进取的人，才是最美丽的人。全校教师逐渐养成了爱读书的好习惯，在读书中，大家开阔了视野，提升了文化底蕴和教育理念，提高了教育教学水平。学校鼓励教师充分利用学校的图书室和阅览室，让教师自行借阅，丰富读书活动的物质基础，在这里，教师既可以伸手在报架上取下一份报纸来大致浏览天下事，又可从书柜中拿出一本教育教学杂志或书籍细细品味，让教师把读书当作休闲，把读书当作享受，读书成为教师生活工作密不可分的一部分。

五、校际联动

校际交流学习是教师成长的有效途径。

学校重视校际交流与学习。我校是区教育局四大特色联盟的盟主，为了更好地促进联盟校之间的交流与合作，我们制定了《十四中特色联盟学校章程》，确定了联盟校的组织机构和合作内容，每学期集体确定交流主题，利用联盟组内的优质学校资源，帮助和带动联盟内其他学校共同提高，同时对我校教师而言，也是学习锻炼提高的极好机会，我们带领教师积极参与，积极担当。我们还与本市内的兄弟学校达成共识，积极交流，共同提高。如与大连市第七十九中学、七十六中、西岗中学、开发区二中、格致中学、鉴开中学、十九中学、八十中学、二十二中学、第四中学等学校开展诸如"同课异教"等联合教研活动，听课、交流、学习、研讨。

学校还定期提供条件，让教师有机会到更广阔的空间交流学习，开阔视野，如先后赴凤城六中、深圳前海、东北师大、华东师大等地学习先进的教育教学理念。全体教师分批赴丹东凤城六中考察学习，在归来之后交流学习体会时，非常兴奋，尤其是青年教师，心里充满了改变自己的教育教学思想和行为的诸多想法，跃跃欲试，对工作充满信心。同时，我校也欢迎外省、市、区的同仁到我校观摩学习和交流。多年来，我们先后接待了全国各地前来学习交流的学校达百所。

这些走出去和迎进来的校际联动举措使我校的教师开阔了眼界，增长了见识，教育教学的理念不断提升，对自我的要求不断提高，学习的意识不断增强，教学的技能和水平也不断增强，从而带动了全校教育教学的内涵发展和水平的提升。

六、网络互动

熟练利用网络学习和使用网络已经成为现代教师必备的技能和素养之一，网络教研促进学习共同体突破时空界限，提高了资源利用效率和教师人力资源使用效率。给予教师研究时间上的自由选择权，知识学习和个人成长从线上可以获得支持。网络教研进一步强化了互联网的通信功能、资料功能、交流功能，信息共享发展到资源共享、思想共享、生命历程共享，帮助众多教师摆脱凭个体狭隘经验学习和工作的状态及独学无友的学习状态，进入自主开放、能够利用先进技术进行高效率学习的状态。强化了教师教研意识，激发了教师学习的自觉能动性，促进了教师反思能力的提高和反思习惯的形成。

为了使学校的教育教学与现代化的信息技术有效结合，从而提高教育教学的实效性，学校斥巨资购买了十四中学校园办公管理系统，创建了十四中学网站，投资近百万元安装了校园无线网络，为每位老师购买一个笔记本电脑，建立了校园管理平台和学校教学资源库，实现校内无线上网，鼓励教师充分利用网上资源和网络优势进行更广泛领域的学习和交流。

学校对教师进行信息技术培训，让教师学会在数字化情境中进行自主发现学习；学会利用网络进行协商交流学习，利用网络答疑，开展互动式学习；学会利用网络针对教学内容进行整合性学习，即充分利用网上的图像资料、文本资料等作为教师开发或学生创作的素材，整合到与课程内容相关的电子文稿、课件之中，整合到学生的课程学习中，让网络及网络资源发挥最大的作用。

学校鼓励、要求教师每人每月写一篇教育随笔，并在学校网站的教育论坛上进行交流、讨论，学校组织专门人员进行定期评选，对于观点鲜明、内容精湛、内涵深厚、有实际意义的好文章的作者，学校定期给予奖励。同时，学校积极鼓励教师到大连教师网、教育在线、生命化教育网等著名教育网站进行学习和交流，充分发挥现代信息技术，特别是网络技术的独特优势，促进自我反思、同伴互助和专家引领活动的深入、广泛开展。

第三节　不断探索创新校本研修形式

一、实施校本研修课程化

我们制订了《十四中学绿色教育特色建设三年规划》，制订了《教师队伍建设专项规划》，培养具有自生力的绿色教师队伍。实行分层设标，分类培养，把教师队伍分成领军者、青年教师、班主任三个团队，分别制定培训课程，形成课程体系。对新上岗教师和青年教师，学校开设的课程有："思想道德建设系列"，如《迈好职业生涯第一步》（这一课由校长亲自上）、《我的职业理想》演讲比赛等；"教学能力培养系列"，如《课程标准解读》《教师的五课功》等；"班主任能力培养系列"：如

《如何进行班集体建设》《如何与家长有效沟通》等。还有信息技术能力培训等，通过系列的培训，缩短了年轻教师的成长时间：我校的姚明阳老师参加工作刚满五年，就通过层层选拔，参加东北三省四市数学说课比赛，获得了第二名的好成绩；钟鑫老师参加工作仅仅五年，就成为学校科研的骨干，教学成绩、班主任工作非常突出；孙宏杰老师参加工作仅仅三年，就成为物理集备组长、区优秀班主任、大连市优秀教师；王明慧老师参加工作仅仅三年，就参加东北三省四市评优课，并获得二等奖。现在学校50%的集备组长和87.5%的班主任是由参加工作不满十年的年轻教师担任，他们已经迅速成长为学校的中坚力量。对不同的团队进行不同系列不同标准的培训，这种培训既系统又有针对性，能解教师燃眉之急，较之以往一刀切的培训更有实效。

二、实施校本研修模式化

为了建立教师发展的长效机制，我们创建了"四横两纵同伴互助的校本研修模式"，组建不同层级的学习组织，让教师在不同的组织当中开展不同层次的研究活动，各组织之间互相联系、互相促进。传统的同伴互助的校本教研模式存在很大缺陷：一是教师缺乏自主意识和主动性；二是教师缺乏主体意识；三是以往的研究缺乏系统性、连续性；四是各项研究活动孤立存在，彼此脱节。网络式同伴互助的校本教研，在以往研究形式的基础上，赋予传统研究新的内容和思想，更加强调研究的现实意义，更加注重教师参与的积极性、主动性、主体性，强调研究的系统性和连续性及各项研究活动之间内在的关联性，与传统形式相比，有很大提高。

我校网络式同伴互助的校本研修模式如图：

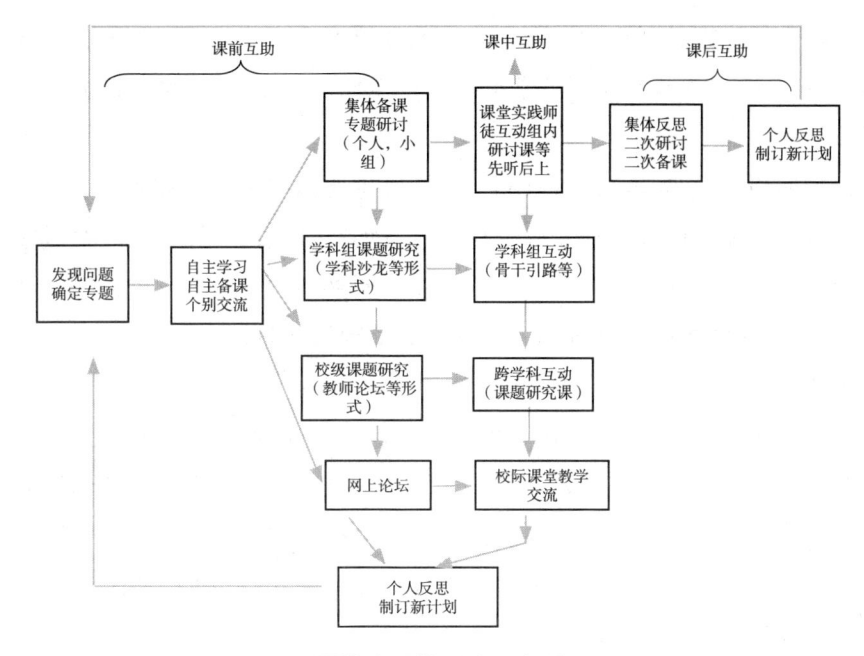

网络式同伴互助示意图

网络式同伴互助的校本研修模式将教师学习型组织的不同层级分为：

"一横"是以集体备课组为核心的教师间的同伴互助，教师教学过程的不同阶段分为课前互助—课中互助—课后互助。

课前互助包括两个环节：一是课前的自主备课环节，教师在此期间的互助体现为个别交流；二是集体备课环节，教师在此期间的互助体现得最为充分，包括共同研讨确定授课目标、重难点、授课策略等。课中互助环节表现为教师间的以课堂教学为载体的互助活动，如师徒间的先听后上，每周一次的组内研究课等。课后互助包括两个环节：一是集体备课组内的集体反思、二次研讨、二次备课；二是个人反思，个别交流。

"二横"是以学科组为核心的教师间的同伴互助，主要内容是学科课题研究，有学科教学艺术沙龙、学科骨干教师引路课等形式。这一层面的同伴人数增加了，互助范围更广泛了，虽然任教同一学科，但任教对象和教学内容不同，研究的内容和侧重点就有所不同，既有共性，又有个性。

"三横"是指跨学科教师间的同伴互助，主要内容是校级课题研讨，有教师论坛、课题研究课、课堂教学大赛等形式。这一层面的同伴人数更多了，研究的内容上升到各学科教学的共性问题，教师的视野更加宽广了。

"四横"是指校际的教师同伴互助，主要内容为交流和研讨。一是建立校际的互助共同体，如友好学校，进行如教学论坛、课堂观摩等教学交流活动。二是开展网上互动，学校建立校园网站，购置教学软件，实现无线上网，为教师搭建交流平台，实现更大范围的互助。

从教学研究活动的类别系列分为：

"一纵"是以课题研究活动为核心，从承担课题的级别分为个人课题、学科组课题。承担个人课题的教师，在集体备课组内进行课题研究，开展同伴互助；承担学科课题的教师，在学科组内开展互助。课题研究活动从集体备课组到学科组，再到全校范围，参与互助的人数越来越多，交流的层面越来越高。

"二纵"是以课堂教学研究活动为核心。二纵分为五个纵向环节：一是师徒互助，师傅指导徒弟的课堂教学行为，徒弟要先听师傅课，后上课，师徒教学相长；二是集备组内互助——每周一次组内研讨课、每月进行一次专题研讨等；三是学科组互助，如学科骨干引路课等；四是跨学科组互助，如校级课堂教学大赛、中小学学科衔接交流课等；五是校际的教师互助，如课堂教学观摩等。

网络式同伴互助的校本研修，把校本研修工作的内容和形式高度整合，保证了此项工作的实效性。网络中的各环节研究的内容，既有教育教学的共性问题，又有不同层面的个性特点，网络中的各个环节既各自独立，自成体系，又各有重点，相互联系，相互作用，相得益彰，使研修活动更加系统，更加科学。网络中的"四横"把教师置于不同的互助群体中，不同层面的互助扩大了教师知识构建的宽度和广度，不同形式的互助活动激发了教师参与研究的兴趣和热情，满足了教师的需要，提高了教师专业发展的自觉性。"一纵"是以课题研究活动为核心，"二纵"是以课堂教学研究活动为核心，这些研究活动，正是学校校本教研工作的核心部分，是教师专业成长的有效载体，是课程改革工作的焦点，扎实做好这些工作，学校教学工作和科研工作就有了保障。同伴互助网络的构建，形成了我校教学研究和课题研究的特色风格，也完善了我校校本研修体系；同伴互助网络的构建，使学校管理工作提升到了科学化、规范化的层次，各项工作有条不紊，协调有序。

2016年我校被评为辽宁省校本研修先进单位。《"课题驱动，多元协同"校本研修模式研究与实践》获国家级教学成果二等奖。

三、校本研修协同化

我校与辽宁师范大学教育学院朱宁波教授带领的团队开展"课题驱动—多元协同"的校本教研模式研究，整合学校现有的资源优势，探索具有绿色教育特色的校本课程的开发及实施体系。

学校组建校本课程开发研究团队，由高校教授、教师、基地校校长、教学领导、教研组长、教师共同参加。研究分工是：由高校研究人员进行整个行动研究思路、过程的设计，进行行动研究进程的整体把握与诊断，参与教学实践的指导与引领，进行行动研究过程中的理论支持、引领及部分理论资料的供给；由基地校领导（校长、教学领导、年级/学科组长）进行行动研究的组织、激励与协调，进行学校相关机制的调整和资源的保障，进行教学实践的引领等；由基地校的教师作为行动研究主体主动参与整个过程，经历行动研究的每一个环节，积极合作和分享，并尽可能多地投入时间和精力按时完成研修任务。

我校教师在高校教师的指导下，开展了校本课程体系的架构研究，开展了校本课程的开发和课程纲要、校本教材的编写研究。构建了《活力的我》校本课程体系，编写了《大连市第十四中学校本课程纲要》，编写并公开出版2个系列校本教材《活力的我——中学卷》和《活力的我——小学卷》，研究成果已发表于国家级刊物《中国教育学刊》2013年第1期，产生了良好的社会影响。教师在学习编写纲要和教材的过程中，认真学习了课程理论，掌握了纲要与教材的关系和编写原理，加深了对国家课程相关因素的理解，使教师能更好地实施国家课程，提高了教师的专业素养。学校被评为大连市首批特色目录学校，校本课程开发事迹发表在《大连教育》上，召开两次区级现场经验交流会。学校得到了实际的发展，教师和学生获得了真实的成长。

第五章　课堂突破——营造和谐高效的绿色课堂

让课堂充满活力，让教室充满生命成长的气息，这是绿色教育课堂的理想状态。绿色教育的理念，首先要在课堂上充分落实，课堂是绿色教育的主阵地。基于以上认识，我们全力进行课堂教学改革，从转变观念、制定标准、落实原则、培养学力、减负增效、精耕细作等方面，全力打造"绿色活力课堂"。

第一节　理念先行，对绿色活力课堂的认识

课程改革虽然已经进行几十年了，但在现行的课堂教学中，传统的"满堂灌"的教学观念和行为仍然根深蒂固，因为这是最简单、最容易操作的方式。教师不需要关注学生，不需要过多考虑教学设计，只关注知识本身和自己完成任务。这种观念如果不转变，新的教学理念如果不确立，那么课堂是不可能有根本性转变的。因此，我们首先转变观念，下大力气强化教师对"绿色活力课堂"的认识。

经过深入学习，我们懂得，所谓"绿色活力课堂"，是建立在以生命发展为价值追求，以构建和谐的物质与心理环境为前提，让师生更富有个性地实现生命、课程、师生、知识、社会多元多向多层次的互动，不断地开发潜能，开启智慧，生成创新，取得学科素养和生命质量的整体提升的课堂；是在新课程理念指导下，摒弃"高耗低效"的教学，追求一种以最低的师生消耗来获取最大的教学效益的课堂；是注重民主，追求人文、健康、高效、和谐的课堂，其目的是促进学生的全面发展。绿色活力课堂顺应学生的自然天性，注重学生的全面发展，强调和谐均衡；尊重学生的个体差异，强调个性张扬；关注学生的精神世界，强调心理健康；倡导学生自主探究式学习，强

调主体意识；体现学生的愉快与欢乐，强调寓教于乐；追求学生成长的生态平衡，强调可持续发展。

一、和谐生态

绿色活力课堂是让课堂成为实现师生生命成长和人生意义提升的场所。绿色活力课堂提倡用自然的法则去创造生命的个体。主要表现在：为学生营造本真的教学环境，用原生态的法则去衡量、评价教师、学生和教学内容，使课堂没有或较少有人为雕琢的痕迹，让人、事、物之间相互协调，共同发展，让课堂回归本色。

教育生态学认为，生物在一定环境中生存，必须得到生存发展的多种生态因子，当某种生态因子不足或过量都会影响到生物的生存和发展。教师在教的过程中要把握教的时机、教的目的、教的方法，使教成为有益的生态因子。绿色活力课堂教学的实施需要教师从生态学的视野重构教育理念、师生关系，创设一种动态的、和谐的、生长性的、可持续发展的环保式生态教学环境，即研究为学生学习打开绿色通道的一切因素，以达到课堂教学的生态平衡。如果把学生比作绿色禾苗，绿色课堂就应该是适合禾苗健康成长的肥沃土壤，就是要给学生提供身心愉悦的教育环境和具有生活化、生成性的教学内容，为学生们搭建主动学习、大胆参与、积极合作的舞台，让学习成为学生的一种享受、一种愉快的体验。生长性是"绿色活力课堂"的终极追求。依据可持续发展理论，提倡用发展的眼光看待教师、学生、教材和环境，使它们在人文、协调的法则下，实现神奇的光合作用滋养。课堂教学在向未知方向挺进的旅程中，要立足全面发展，关注潜能发展，让每一个生态因子最终实现可持续发展。

构建绿色活力课堂的入口是师生要建立民主、平等、和谐的特殊伙伴关系。绿色的课堂氛围就是自然的、平等的、民主的、和谐的教学情境，这种氛围应该是贯穿始终的：在平等中尊重信任别人，在合作中与别人友好竞争，在宽容与理解中凸显自己的个性。教学是师生的双边活动，创设一个有利于学生健康成长的充满关怀、和谐共进、生机勃勃、个性飞扬的绿色生态课堂，让师生间充满和谐，课堂就会变得轻松，教师才会游刃有余地教，学生才能自由自在地学。课堂上充满了和谐，教师才不会把目光仅仅局限于知识的传授上，而是更多地关注学生作为一个生命个体的存在，在自主参与运动中焕发生命活力、体现生命价值。只有心与心自然、和谐地融合在一起，孩子在人性美的感动中受到启发，心灵才能得到升华。

二、以人为本

新课程以人为本的核心理念为绿色活力课堂的创立奠定了可行的基础。绿色活力课堂提倡用人性的观念去促进生命的成长，在课堂教学中让学生真正享有主体的地位，为学生提供自主发展的内容和环境，开启生命本质，彰显生命个性。在教学设计中充分考虑学生，力求与学生互通互融，打破原先的隔离，教师传授知识的同时更要关注生命的成长，张扬生命的个性，体贴生命成长的过程。所有的教学活动都能够围绕学生各自已有的经验和未来发展的不同需求展开，教师鼓励和引导学生共同参与，着力激发学生求知探究的热情，以确保课堂上没有学生是局外人，没有学生被边缘化。

绿色活力课堂以学生为本位，在设置的各种课堂活动中充分考虑学生的差异需要，通过发现每一个学生身上所存在的多元智力，发挥每个孩子的智力优势，挖掘发展每个孩子的最大潜能来彰显每一位学生的个性。

绿色活力课堂中教师以学生学习的伙伴、促进者的姿态出现，扮演平等中的首席，建立平等的对话机制，促进学生主动学习，独立思考，全面发展。要求我们在课堂上坚持正确的学生观。平等体现在师生之间，教师和学生在人格上是平等的，将他们看成是活泼的生命，是真正意义上的独立的个体，尊重他们的自由意志和独立人格。我们应该平等地看待不同的学生，挖掘他们各自的特长和潜能，针对具体的个体差异，帮助学生进一步发挥自己的特长和潜能，使他们获得平等的成长发展的机会。教师必须尊重不同学生的差异，平等地对待每一个学生。

三、活泼灵动

绿色活力课堂是师生在课堂中体验着智慧的交锋、情感的碰撞和价值的共享。绿色活力课堂上教师的教学内容是新鲜的，紧跟时代潮流，不是陈旧、过时的，无法引起学生兴趣的，同时能运用最先进的教学手段、最新的教学理念来教导学生；而教学方式和方法则应当是新颖、灵活多样的，而不是单一、枯燥的。在学生的心灵上播种阳光，让学生的心智之花灿烂开放，让学生怦然心动、浮想联翩、百感交集、妙不可言。绿色活力课堂，引导学生勇往直前、全力以赴、乐此不疲、好学不倦，领舞他们学习的激情，让课堂充满生命的灵动。

绿色活力课堂追求合作互动，教学中要让学生在交流与合作中焕发活力。绿色活力课堂是师生互动、心灵对话的舞台，也是教师引领学生探奇览胜的一段精彩旅程。舞台上常常有高潮迭起，悬念频生。在这样的课堂上，摒弃了呆板与僵死，凸显出开放性与挑战性；教学内容在保持相对确定的同时，又有着更多的变数，有时是教师的有意延伸拓展，有时则是学生无意的节外生枝。在这样的课堂上，学生自然会既有计划内的收获，又有计划外的得益；课堂教学既有有心栽花的繁花似锦，又有无心插柳的岸柳成行。绿色活力课堂因为它的鲜活可能会留有些许缺憾和瑕疵，这不是上课老师追求的结果，而是事物发展的必然。

绿色活力课堂饱含情感。"感人心者，莫先乎情"。课堂上打动学生的是情，感染学生的是情，震撼学生的依然是情。可以这么说，没有情感的教学是不吸引人的教学。老师要注重用各种方式与学生联络感情，让他们感觉到老师的爱。课堂教学活动中体现理智生活、道德生活和审美生活的相得益彰，教学过程中能够保持思维场、情感场和交往场的生态平衡。

我们提出了绿色活力课堂的基本要求，课堂做到三个"起来"：老师"笑"起来，建立民主平等的师生关系，宽松融洽的课堂氛围；学生"动"起来，倡导自主、合作、探究式的学习形式，让学生变被动为主动，变学会为会学；课堂"活"起来，让学生快乐学习、自主学习、创造性学习，在学习中体验成功的愉悦，在和谐的教学氛围中达成教学目标。

四、唤醒思想

绿色活力课堂要能够呼唤潜能和智慧的觉醒，焕发生命的活力。在遵循课堂教学规律的同时，注重学生人文素质的提高，用发展的眼光评价学生，用赏识的方法激励学生。绿色活力课堂提倡自主学习的方式，鼓励远离封闭的室内教学和"填鸭方式"，崇尚研究性学习和探索性学习，把个人独立学习的方式转变为小组合作学习的方式，并把个人学习视为合作学习的最终目的。教师的角色从灌输者转变为设计者和促进者，表现为生动的学习情境、活泼的课堂气氛、积极的师生交流，采取师生互动、生生互动的多样的学习方式，暖如春风，爽似秋风。以课堂教学为绿色教育主阵地，课内外相结合，通过环境熏陶、学科渗透、社会实践、道德践行等途径，开展绿色教育，培养提高了人文素养和绿色行动能力，拓宽了绿色教育途径。

依据生态系统中的"花盆效应"，绿色活力课堂要求教师挖掘"智慧之水"，教给学生方法，而非陈述性知识。课堂上更为关注教材的内涵，关注课堂的生成，关注学生的需求，关注学生的长远发展，对课堂做草根化的研究，让学生在课堂中不但得到"鱼"，更要得到"渔"。以教师的智慧之水，润泽教学内容，润泽课堂生成，润泽学生心田，使课堂如笋芽儿般富有生命力。

罗杰斯的人本主义教学理论认为，教学过程的重心是"学会学习"，应该把学生培养成"学会如何学习的人""学会如何适应变化的人"，从而成为能顺应社会要求"充分发挥作用"的人。绿色活力课堂要突破传统课堂教学模式，改革传统的教学模式，以"探究式教学"为核心，创造新型的多样的教学模式。在提高课堂教学效益上，优化教学全过程，形成以学生为主体，师生互动，促使学生主动发展的课堂教学模式。让每个课堂成为开放无限的空间，成为学生自主学习和个性自由发展的舞台。我校的绿色活力课堂教学遵循三个基本理念：一是从"教"走向"学"，激发学生的学习兴趣和潜能；二是从"传授"到"体验"，让学生能感悟知识和技能的来龙去脉；三是从"接受"到"自主"，使学生真正成为学习的主人和主体，不再盲目地接受和顺从，而是养成用自己的思维去判断的意识和能力。

第二节 多措并举，扎实推进绿色活力课堂建设

绿色活力课堂的理念教育固然重要，却不能代替课堂教学标准、规范和原则，不能制约教师的教育行为。为确保绿色活力课堂的有效落实，还需要一系列相应的策略和保障。

一、学习教学理论

建设绿色活力课堂必须遵循教育教学规律。我们以布鲁姆的教育目标分类学作为理论依据，探索进行教学目标分解，为绿色活力课堂提供理论支撑。全体教师在校长的带领下，深入学习布鲁姆的教育目标分类学理论，并尝试将其应用在自己的课堂教学改革中，更具体地将知识向度和认知过程向度结合起来，准确设定教学目标，为教师进行有效教学活动设计提供科学依据。学校还组织教师重温黄金周期理论、最近发展区理论、多元智能理论，把金字塔理论、遗忘曲线理论制成大宣传板张贴在每一个教室，时刻提醒教师、学生不忘科学施教，科学学习，懂得任何背离科学的教学行为都是没有效果的道理。

二、制定教学规范

建设绿色活力课堂一定要制定相应的规范来确保目标达成。首先我们带领领军者团队研究确定了绿色活力课堂的教学理念为"学教并重，思维共建"。"学"和"教"，有的说"教"更重要，有的说"学"更重要。我们说，应该是并重的关系，既不能片面强调"教"的作用，也不能片面强调"学"的作用，要以"教"带"学"，"学""教"并进。而且，要

想达到课堂教学的高效，师生的思维要在同一条线上，要同频共振。

接下来，校领导带领领军者团队研究确立了绿色活力课堂六大原则：学生主体原则、以学定教原则、师生和谐原则、合作探究原则、训练生成原则、关注学困原则。这六大原则是绿色课堂的核心要素。我们还制定了"绿色活力课堂标准"，作为课堂教学评价的依据，以此确保绿色活力课堂的落实。为了这些理念和原则得到有效落实，学校领导发挥领军者的作用，公开进行论证和解读，收到了良好的效果。

三、建立课堂模式

从课程改革伊始，我校就从没有停止课堂教学改革研究的步伐。从《课堂上的研究性学习策略研究》《信息技术与课堂教学整合研究》到《美在课堂》研究，到建立课堂教学模式，逐渐深入。"十二五"期间，我们建立了"以案导学，探究互助，点化提升，训练生成"的课堂教学模式，剥离出适合学生自主学习的部分，通过导学案方式引领学生学习，开展生生间、师生间的探究互助和交流，学生在自主、合作、探究中找到了解决问题的途径，让学生的思维充分展开，教师在适当时机进行点化，并组织训练生成。在这种模式中，教师逐渐成了幕后的导演，学生的主体地位越来越得到彰显，学生解决问题的能力得到了提升，调动了学生的积极性和学习的自信心。这一模式的最主要特点在于能够最大程度地调动学生参与思考、参与实践的主动性。实践中，我们认为它的优势大于劣势。劣势在于它的局限性：一是局限于理科课堂的部分课型，对于文科课堂，它的优势体现得不明显。二是局限于使用教师的操控和驾驭能力，还受学生学习能力的制约。学生学习能力弱的课堂，耗费时间，有时候一堂课下来，学生没有学会，教师还要再补讲一节课，还有的课程不适合这种模式。

有些研究靠学校自己的力量很难取得突破，我们也不例外，常在一个层面徘徊不前。因此，要善于借力，借助专家的力量。绿色活力课堂实施以来，我们在专家的引领下，探索建立了十四中学三级课堂教学模式，即"问题驱动"五环式教学模式。第一级课堂教学模式为：问题导入

（导）→问题探究（探）→问题解决（结）→问题迁移（练）→问题内化（思）。这一模式，以问题为驱动，层层深入，符合认知规律，与"学教并重，思维共建"的课堂教学理念相一致，符合六大原则。问题导入——抛砖引玉，提出问题；问题探究——范例解析，讨论问题；问题解决——归纳小结，积累经验；问题迁移——拓展训练，运用经验；问题内化——思维提升，内化经验。在一级模式的基础上，我们带领各教研组积极开展二级教学模式即学科教学模式的研究和三级教学模式即课型教学模式的研究。三个级别的教学模式避免一刀切，各学科根据一级模式和学科特点建立符合实际的课堂模式，在此基础上，还建立了各学科的课型模式。三级课堂教学模式的建立，为绿色活力课堂的建设提供了保障。

四、实施课堂认证

为确保绿色活力课堂的有效实施，让学生真正体会到绿色教育理念在课堂上的应用，让绿色活力课堂建设带来真正意义上的课堂变革，我们启动了课堂教学认证机制，即领导分工、推门听课、月月总结、月月奖励。从校长到中层领导，每人分管一个学科，每月不定期推门听课，每人至少一节课，听课后要对照教案，查看教学计划、教学设计、教学目标完成情况，根据课堂教学实施情况给教师评课、打分和等级评定，按照30%一等奖、40%二等奖、30%三等奖的比例纳入月绩效工资。每月的教学工作总结会上，教学领导要进行全面总结。通过这种形式的长期跟踪指导，教师的教学理念有了很大的转变，课堂发生了巨大变化。绿色活力课堂点燃了学生的学习激情，极大地调动了学生参与学习的积极性和主动性，师生关系和谐，课堂开放、灵动，一改以往教师唱独角戏的沉闷局面，学生参与度高，开始学会主动思考、独立思考。教师还利用小组互助关注学困学生，使学困学生也获得了进步。同时，学校利用校本研修的形式开展教学研究活动，开展各个层面的课堂教学观摩研讨活动，从领军者开始，在全校上绿色活力课堂研究课、示范课，开展各个层面的课堂教学大赛，优胜者的课在全校范围公开展示。学校还以年部为单位开展了各种各样的学科活动，激发学生的学习兴趣，如读书报告会、计算王大赛、文武大赛、成语大赛、朗诵比赛、致童年主题诗会、英语书写大赛、单词记忆王大赛、英语配音大赛、课本剧展演等。

绿色活力课堂建设给我校带来了巨大的教学效益，我校连年获得区教学工作最佳教学成绩奖和最佳教学管理奖。近几年，我校中考的优良率、平均分、全科及格率在全区同类校中都名列前茅。

第三节　减负增效，凸显绿色活力课堂独特魅力

随着素质教育的进一步推进，学校办学行为进一步规范，学生在校时间和教学时间相对减少，如何在单位时间内高效完成教学任务，实现减负增质、减时增效，这是绿色教育的重要课题。

传统意义上的提高教学质量的方法，大都是绝对地延长教学和学习的时间，滴水穿石、磨杵成针等都是对这一传统教学和学习方式的诠释。在这一方式指导下的教育，培养的学生技能单一，学生的学习兴趣逐渐被消磨殆尽，教师、学生都背负沉重的负担。

绿色教育的教学质量观，是提高课堂教学实效，减轻学生的课业负担，科学合理地统筹分配时间，留给学生足够的自主学习时间，培养学生的基础学力，保证青少年学生身心健康，全面提高学生的素质，实现德、智、体、美、劳全面发展的培养目标。

一、激发学习动力

教与学是不可分割的整体，绿色活力课堂建设离不开学生的参与。激发学生学习动力，有利于提高课堂效率，课堂效率提高了，也就减轻了学生的课业负担，实现了绿色教育的目标。

我校地处城乡接合部，学生整体素质和家庭教育水平不容乐观，学生在学习过程中易出现发展目标意识缺乏、发展动力不足的问题，靠学校的

管理不能解决学生内在的根本问题。多年来我们一直在寻求一种途径，能让我们带领学生进入到一种自信、自主的发展状态。在东北师范大学心理学院院长、博士生导师盖笑松教授的引领下，我们开展了初中学生生涯教育探索，开设了《初中学生生涯发展教育》校本课程，为学生的终身发展指引正确方向，提供不竭动力。让学生把个人生涯发展目标与成为社会主义建设者和接班人两者结合起来，使学生学会认识自我、完善自我、规划自我和发展自我，最终能够适应社会，成为社会主义建设的有用人才。

人格结构学说认为，人格的四层要素形成金字塔结构，第一层就是志向，包括理想、世界观、信念、天下情怀、责任担当等教育，我们引导学生创设远大的志向空间，因为这是引领一个人不断自我超越的关键。而要达到这个目的，教育就需要树立大育人观，具有大格局、大气魄、大信念、大情怀。不能把学生的追求窄化为现实的小目标和谋生的手段，忽视和淡化了大世界观、人生观和价值观的有效教育和引导。因此，我们开设了《初中学生生涯发展教育》校本必修课，按照学生的身心发展规律和需要设计课程，以此引领学生学会规划人生，激发学习内驱力。生涯发展教育以个体的生涯发展为目标，通过生涯认知、生涯探索、生涯规划、生涯决策等具体步骤，使每一个人能正确认识自我，并且具有选择有意义人生的决策能力和规划未来的能力，并根据职业发展的实际情况不断修正自己的生涯计划。生涯发展教育使个体不断完善自我，实现自我，让每一个人都能够享受成功及完满的人生，过上适合自身特点的、有追寻的幸福生活。我校初一年级课程主题是"适应初中"，包括走进初中（认识初中学校，了解初中生活）、了解自我（了解自身气质，塑造更美自我）、初中学法指导（听学长讲学法，学方法，练思维）、学习交往沟通（合作让生活更轻松，与师长、家长说说心里话）；初二年级课程主题是"规划自我"，包括链接外部世界、探索职业世界、初识大学生活、人生态度（直面挫折、树立自信，积极人生、正确选择）、走近梦想高中、规划自我；初三年级课程主题是"管理自我"，包括管理自我（时间管理、行为管理、学长的备考经验）、直面考验（应对压力与焦虑、考前的心理调节）。其中，生涯发展教育课程中设计了学业指导课程，如听学长讲学法等，对学生掌握科学学习的方法、培养学习能力具有很大的作用。

二、强化课堂管理

多年来的实践与探索，使我们清醒地认识到，"落实"是真谛。任何一项教学改革，如果落实不到教学常规中来，都将成为美丽的泡沫。"常规"是绿色活力课堂的保证。我们遵循《大连市初中小学教学管理工作指导意见》，结合学校的《教学常规量化考核细则》，严格课堂常规管理。

优化课堂教学设计，是保证课堂教学的关键。为此，学校强化课堂教学设计，要求老师把提升课堂质量的功夫下在课前，我们自主设计教案模板，要求老师突出绿色活力课堂的标准和原则落实。学校领导坚持教案检查常态化，校级领导抽查，年部领导必查，而且利用学校大屏幕日日反馈不松懈，月末将检查结果纳入教师的绩效考核。同时，学校非常重视集体备课的过程，落实每周三次集体备课制度。为了促进这项工作，学校选拔优秀集体备课组做示范引领，定期组织公开集体备课展示。

学校加强课堂组织管理，从"候课"，到组织教学，到查课，学校都十分重视。每节课课前，老师们都提前到班级门口"候课"；每堂课期间，教学领导、政教处领导都协同查课，并将考核结果作为教师绩效工资发放的依据之一。把小事做精、做细、做实，这是十四中多年来的管理风格。通过这些管理行为，确保了绿色活力课堂建设落到实处。

第四节　加强信息技术与学科教学的整合

一、学校信息化设备建设站在了制高点上

我校有完备的网络中心。网络中心由3台服务器、1台核心交换机、1台路由器组成，内连校内局域网和班班通，外接教育宽带200M光纤。

有庞大的校园计算机终端。学校共有计算机网络终端326个。各教室、

实验室、行政办公室、计算机房、每个教师的桌上都设有终端，全部接入互联网，教学楼和办公楼还架有无线网络，教师笔记本电脑全部实现校园内无线上网。学生用机190台，教师用机120台。生机比为7∶1，师机比为1∶1。

学校拥有先进的校园数字媒体发布系统。中小学共有六块数字媒体互动展板，一块放在一楼大厅，用于滚动播放学校简介、课程建设、特色介绍等，其余几块分布在小学部、初一至初三年部，用于每天发布年部行事、考核公告、学生活动等。发布形式有图片、有视频，对学校管理起到了积极作用。该系统与各部门领导的电脑联网，领导们每天下班前将要发布的内容编辑好，第二天上班直接发布出来，供教师和学生观看。

学校建有远程会议系统，跟教育局的会议系统联网，学校领导可以在校内接收教育局远程会议信号，在校内参加视频会议，同时还可以跟教育局实现远程对话。

学校还拥有录播教室，每学期的课堂教学大赛课、骨干示范课、评优课等绿色活力课堂教学研究活动都在此开展，为教学研究提供了最好的技术支持。

学校还于2019年新购置一块大型LED真彩显示屏，安装在多功能厅，用于学生文化活动、学生大型集会和大型教研活动。

学校很早就建立了学校网站，曾被评为"辽宁省优秀网站"。近年来，学校又申请建立了"大连市第十四中学微信公众平台"，开设了校园新闻、党建阵地、校本课程、校本研修、有效德育等栏目，定期向社会、家长、学生发布学校发展近况，目前已经发布近400篇图文并茂的文章。

二、信息技术与学科教学整合成效显著

教育教学置身于数字化、网络化、智能化的环境，"以教育信息化促进教育现代化"已成为当下所有教育人的共识。

我校对如何开展信息技术与学科课程整合进行了充分的探索与实践，以多样的课堂教学设计、丰富的教学资源、便捷的网络研训平台等展示了

在信息技术环境下，作为新世纪的人民教师所具备的综合能力。我们用前沿的信息技术与课程整合理念，用精湛的课堂教学艺术和技能，诠释了信息技术支撑下的优质课堂教学。

首先，我们全体教师转变学科教学"六观念"，提高信息技术与课程整合理念的认识。

要进行信息技术与学科课程的有效整合，必须在教学中实现以下几点转变：转变传统的知识观和人才观；转变传统的教育技术观；转变传统的师生观；转变传统的教学观和学习观；转变传统的课程观和教学模式观；转变传统的教学组织观。

其次，学校建立新型管理机制，实现管理与引领同行，真正实现信息技术与学科教学的有效融合。

1. 确定管理与激励机制。信息技术在教学中的广泛应用必将促进学校管理机构职能的逐步转变和教师工作方式的变化，由此学校制定了一些积极的配套管理与奖励政策。

2. 建立示范学科。建立语文和物理（教学应用为主）示范学科，培养骨干教师，推出一些具有创新的典型课与公开课，通过观摩学习、交流评课、学后体会等方式，带动其他学科其他教师，推动整个学校的课程整合深入全面开展。

3. 全面推进二者整合。将信息技术与课程整合教学制度化，推进信息技术与课程全面整合，将信息技术作为教学与管理的必备工具，使信息技术进入每一个教室、每一堂课。班班通已建设完毕，每个班级均配有计算机、投影机及附属设备，全部接入教育宽带，有线电视系统正在建设中，即将投入使用。

4. 参与相关的课题研究，开展校内、校际交流，探究信息技术与课程整合的最佳策略和发展趋势。"十一五"期间，学科教师积极参与"信息技术在学科教学中的应用"的课题研究，成果显著。学期末分学科大组交流各自成果，多名教师的研究论文受到学校奖励。

5. 加强教师课程整合理论与信息技术应用能力培训。伴随着教学情境的变化，对教师的能力提出了更高的要求，要求教师具备新的能力，以适应信息技术对教学的要求。

为提升教师自身应用信息技术水平，掌握网络环境下教学平台和多媒体教学系统的使用以及网络教学软件的开发制作、常见问题与故障排除的能力，为主导课堂教学提供技术支持与保障，学校先后组织了"班班通使用方法""电子白板使用方法""录播教室使用方法""教师信息技术应用能力的培训"等多种培训，均有专业教师或外聘专家讲座，切实提高了全体教师的信息技术应用水平。

6. 开展以信息技术为支撑的课堂教学设计大赛。在学校教务处的带领下，每学期每学科开展一次课堂教学设计大赛，要求充分体现现代化教学手段的应用，充分展现高效课堂的魅力。同时，成立以教学副校长为组长的评价小组，科学指导，注重实效，再辅以奖励和优秀课例展示，让成功的教师体会到创新的成就感，再接再厉。鼓励位居下风的教师积极探索，超越自我，紧跟时代步伐，努力追求高效、有吸引力的课堂，以此形成信息技术运用于课堂教学的探索风气。

7. 建设丰富实用的教学资源库。教学资源是指那些可以提供给学生和教师使用，能帮助和促进他们学习的信息、技术和环境。教学信息化环境下，教学资源无论从其内容数量、媒体种类还是从其存储、传递和提取信息的方式都发生了很大的变化，尤其是学习资源的可获得性和交互性的急速增长更形成了对现行教育体制和教学模式的震撼性的影响。因此，在教学信息化环境下进行科学而又富有创造性的教学资源库的开发和建设已成为教育发展中不可缺少的重要内容。

我校创建了开放性的学习资源库，其中包括系统的学科教案资源库、系统的学科课件资源库、系统的学科试题资源库、自动出卷资源库、每月教学反思资源库。其容量之大、使用之便捷让每个学科教师感触颇深。

8. 校园网络平台日臻完善。我校的计算机网络应用平台有学校网站、教师论坛、教师博客、家校互动平台。

先进的校园网络教室可满足教学的多种需求，如学生上网交流学习体会、教师交流教学心得、教师文学创作、师生电子阅览、家校沟通交流等。这些信息技术的使用，大大弥补了教学的后续需求，成为教学的不可或缺的辅助手段。

9. 本着加强教师主导作用、发挥学生主体潜能的原则优化使用信息技术。首先，根据教学目标合理创设学习情境，增强学习的针对性，有利于发挥情感在教学中的作用，激发学生的兴趣。其次，利用信息技术使课堂学习向现实生活延伸，使学生学会学习和生存。

这些尝试，变革了"班级教学"的方式，改变了学生的学习方式，让学生学会利用身边资源学习，促进学生把课堂知识运用到生活中解决问题，提高综合素养。

10. 以"活动周"为平台，促进教师互动共进。

信息技术与学科教学整合观摩展示活动周先后共举办了3届，通过"超市"形式展示各学科的上课和说课，教师根据自己所需去选择听课。"活动周"旨在交流信息技术与学科教学整合的研究成果，探讨基于多媒体网络环境下以教师为主导，学生主动参与、自主学习的教学模式。活动期间，设有课例展示、课题研讨、教育技术应用工作交流和新技术展示等。活动的多元化，凸显了先进教育教学理论指导下的实践探索，促进了教师互相学习、携手共进，在树立教学新理念、教学环境建设等方面也起到了积极的作用，实现了信息技术教育由点向面的跨越。

第六章 课程育人——构建绿色教育校本课程

校本课程开发是指"以校为本的课程的开发",它是学校对国家的预留课程空间进行开发的过程,也可以是学校"校本化"实施国家课程和地方课程的过程。基于这一理解,校本课程开发强调学校发展的自主性,这是构建特色学校的实质与目的,立足于学校的课程资源,这是建构特色学校的基础与条件。也就是说,只有是校本的,才是特色的。

创建特色学校的核心在于形成具有特色的学校文化,而课程文化又是学校文化的核心。因为课程承载着学校的育人功能,课程所承载的核心观念对学校的文化起主导作用。

特色学校是具有"独特、稳定、优质"的个性风貌,课程是学校为学生提供的一整套教学内容和实施计划。也就是说,课程是组织严密、计划充分的教育行为,而非随机的、无序的行为。学校的教育行为如果上升到了课程层面,就会更加稳定。

综上所述,学校特色建设和校本课程开发的目标是一致的。学校特色是校本课程开发的立足点,校本课程为特色学校建设奠定基础,校本课程开发和建设是创建绿色教育特色学校的重要支撑。

第一节 育校本课程之树,圆绿色教育之梦

校本课程的开发是绿色教育不可或缺的重要内容,它有利于学校办出特色。因为校本课程的设计、实施和评价都是由学校教师来承担,教师与其工作效能直接发生关系,这就有利于教师专业精神、专业技术的提高,有利于教师个性特长的发挥,有利于造就一支专业素质和理论水平高的教师队伍。校本课程能兼顾不同学生不同的个性特长发展的需要,促进学生

的全面发展、自主发展和个性发展，从而弥补国家课程中综合性、实践性的不足。而且校本课程与德育目标的融合，有利于学生价值判断能力的提高和情感机理的改善，有利于学生基本品质的日臻完善。校本课程的开发和实施，对于创办特色学校，挖掘学校内部潜能，优化学校内部资源，提升绿色教育品质，对于促进上课教师自身的专业成长和培养学生的个性特长起到了巨大的推动作用。

为了确保绿色教育理念的顺利实现，我们实施了五大策略来保驾护航：打造先进学校文化，推动特色建设工作；打造绿色教师队伍，做好特色建设保障；打造绿色活力课堂，突出特色建设核心；打造绿色校本课程，深化特色建设内涵；打造绿色德育科研，拉动特色建设工作。而这其中，绿色校本课程脱颖而出，焕发出强大的生机与活力，深化了绿色教育的内涵，让绿色教育的梦想在校本课程中得以绽放。

一、校本课程实施的过程与方法

（一）校本课程的科学开发为绿色教育奠基

1. 课程结构的确立

校本课程开发实质就是依据学校所制定的教育目标，建构学校的总体课程，并据以实施、评估、改善的过程。所以课程的开发应先明确学校的教育目标，这样才能为课程的建设与发展指明方向和提供依据。学校教育目标是学校对所要培养的人才的基本要求，其制定要遵循国家的教育目的，考虑到社会发展的要求和学校的实际情况。我校绿色教育的培养目标是：培养具有责任感、自主意识、创新精神和有生存发展能力的人。绿色校本课程体系的架构，就要围绕这一目标进行。教育目标还需进一步细化，最终通过课程和教学来实现。所以学校的教育目标必须转化为课程的总体目标，并进一步细化为各学习领域的目标，通过教学来实现各学习领域的目标，进而最终实现教育目标。

我校在专家的指导下，系统分析、总结了我校的特色建设工作，并在《"绿色教育"特色学校建设专项规划》指导下，确定以校本课程建设作为"绿色教育"的重要支撑,撰写了《绿色校本课程建设三年专项规划》。在课程专家、辽宁师范大学教育学院院长、博士生导师朱宁波教授的指导下,以"人文、民主、和谐、活力、可持续"的绿色教育办学理念为指导,经过需求评估和价值论证,从学校的实际状况和学生的实际需要出发,遵守科学性、针对性、区域性、人文性和可行性原则,构建起了"活力的我"校本课程体系。

以"学生充满活力和可持续发展"为核心目标,以培养学生"两种意识和能力"(生存意识与能力、发展意识与能力)为核心内容,全面推进基础教育课程改革和实施素质教育。

一个核心目标:学生充满活力和可持续发展。

两个领域:生存意识与能力、发展意识与能力。

四个科目(课程):个体生存教育、社会生存教育、个体发展教育、社会责任教育。

八个专题:珍爱生命、认识自我、国家公民、全球意识、视野拓展、一技之长、认识社会、参与社会。

若干模块:生命教育、安全自救、绿色环保、版画、社团活动等。

在专家的指导下,学校的校本课程由以前散在的课程转变为以绿色教育为核心的课程体系,进一步诠释了绿色教育的内涵。

2. 绿色教育校本课程纲要和教材的编写

我校自2006年就开始了校本课程开发的探索与研究,学校给教师提供平台,让教师带着自己的设想,给学生开设校本课。对其中教师体会深刻、学生反响较好的课进行跟踪,鼓励教师积累教学素材,形成初步的教材,边实践边修改和完善。

领导和教师经过多年的反复探索与实践,对课程的理解愈加全面、深刻,积累的经验和所掌握的课程资源愈加丰富。为了进一步提升校本课程的品位,充分体现绿色教育的课程理念,使校本课程建设步入科学化、规范化的轨道,我们在课程专家的引领和指导下,把课程的目标与绿色教育的培养目标结合起来,把课程的实施理念与绿色教育的课程理念结合起来,使学生的学习方式与绿色活力课堂倡导的方式相一致,组织教师编写了《"绿色教育"校本课程实施纲要》。在《"绿色教育"校本课程实施纲要》的指导下，专家规范了教材编写的格式和要求：每一个单元由学习导引、教学内容、学习拓展、体验探究四个板块组成，要将积累的很多资料分门别类地呈现在教材之中，注意哪些是教学重点，哪些是对于学生学习的引导，分别放在不同的板块之中。教材的编写要给教师留下引领的空间，给学生留下思考和探究的空间，要体现以人为本的设计思想。

学校组织教师根据专家的引领，以相关资料为基础，编写了适合我校学生需要的19本校本教材。经过专家的多次耐心培训指导和教师们的反复修改补充，纲要和教材渐趋成型，由学校课程开发领导小组审核通过，免费印发给学生使用。

在老师们亲身实践的基础上，学校本着成熟一批建设一批的原则，逐步推动学校校本课程的建设工作。经过认真挑选，我们将编印的19本教材中的9本合编为两册书正式出版，命名为《活力的我——初中卷》《活力的我——小学卷》，在2014年1月完成印刷和装订。

（二）校本课程的有效实施为绿色教育张本

1. 自主地选课

实施绿色教育校本课程的真正目的是让学生走进他们自己理想的天空，因此，学校在向全体学生公开宣讲开设校本课程意义的基础上，公开科目和内容及授课教师，让学生自主选课。学生根据自己的喜好填写《校本课志愿表》，学校根据选课情况统筹安排并制订授课计划，统一安排课程表。学生在同一时间，走班到不同授课地点上课，每周一课，有序有效地实施校本课程。自主选课使学生愉悦地、充满活力和激情地发展自己，让学生遨游在自己理想的天空，充分地尊重了学生的兴趣和个性，尊重了学生的主体地位，也充分体现了绿色教育的人文性、民主性。

2. 有效地教研

（1）学校根据四个科目设立了教研组：个体生存教育组、社会生存教育组、个体发展教育组、社会责任教育组

学校统一安排教研时间和地点，实行轮流主备、组内提案、全体讨论制度。由教研组长主持，每次轮流安排组内一名教师主讲发言，提出具体

的教学方案，其他教师提出自己的教学方案建议，再经过全组讨论，最后由教研组长决策，同时安排好下次教研的主讲人。学校检查时，每次向学校提供教研内容。

（2）明确教研内容

①研讨教学内容。具体包括教学目标、重点难点、授课知识能力内容、教学方法、训练内容、考核方式。

②研讨学情。包括学生的知识基础、能力基础、学习能力、学习心理和情感态度。

③研讨教法。包括教学的总体设计、激发学习动机与传授知识培养能力的方法、突破重点难点的方法、复习训练检测的方法。制定教法要以教学内容和学情实际为基础，以提高学习效率为核心，确保教法切实有效。

④研讨教育理论和经验。备课中要将能直接指导教学的教育理论和经验进行交流，特别是成功的教学经验，无论是自己的心得，还是他人的方法，都可以成为指导备课的重要内容。

（3）提出了教研的具体要求

①要保证教研的时间、人员。教研组长要组织教师在指定的时间，到指定的地点进行教研，不能迟到，不允许提前结束。没到岗的教师要由组长代为请假并说明情况。

②教研的准备要充分。教研组长要提前安排好教研的内容和主讲教师。主讲教师要根据教研的内容要求准备好发言，其他教师也要准备好教研的内容，做好发言讨论的准备。

③教研组长要对集备的情况定期总结，不断调整完善好教研的形式和内容，提高教研的效率。

（4）落实教研考核

①教务处在规定的时间和地点对教研的情况进行集中考核，考核的内容为教研的时间、人员、内容和教研的进行情况。

②每次根据教研的效果按A、B、C三等记录，每学期末进行综合评定等级，对考核优秀的教研组给予一定奖励。

校本教研的有效落实转变了教师的教学观念，提高了教学质量，使校本课程的目标得到了落实。

3. 生动地上课

绿色教育的课堂教学理念是：把课堂还给学生，让课堂充满生命活力。作为绿色教育的校本课程，我们坚持六大原则：体现综合性，注重实践性，加强情境教学，倡导以学生为主体的研究性学习方式，积极探索班级集体授课之外的教学形式，利用评价手段促进学生发展。在我们的课堂上，教师只是充当了引路人的角色，师生之间平等相处，亦师亦友，课堂氛围愉快和谐。你所看到的，是学生们对知识渴求的眼神，是他们在自己选择及喜爱的学科海洋中畅游的喜悦。授课的地点或者在室内，或者在室外，授课的形式有时会是激烈的辩论，有时会是丰富的作品展，有时会是紧张的友谊赛。家长们更是对学校开设的校本课程产生了极大的兴趣，因为他们从孩子回家后钻进书山、网络中寻找问题的真正答案中强烈地感受到了学生对该学科浓厚的兴趣，甚至有的家长说，这才是一个学生真正应该有的样子。这一切都源于回归教育本源的绿色教育理念的科学引领。

4. 全面地评价

我们本着突出评价的发展性功能和激励性功能，立足于促进学生的学习和充分发展的原则，进行学生评价。在评价的主体上，我们调动学生主动参与评价的积极性，实现评价主体的多元化，有自评、组评、师评；在评价的方法上，实行形成性评价和终结性评价相结合的方式，突出过程性，有平日考核、作品展示、技能比赛、表演等。同时，实行定量和定性评价相结合，不仅关注学生的学习成果，更看学生学习的动机、行为习惯、意志品质等。

此外，每学期我们还要进行教师评价和课程评价，由主管领导严格按照《校本课教师评价标准》进行量化考核，通过平日抽查和期末考核等方式对教师课前准备、上课过程及上课效果进行考核评价。学期末还要让学生对上课教师进行评价，最终按照一定比例计算出各位上课教师的考核成绩，纳入绩效工资考核。每学年，学校还要组织学生和家长对相关课程进行评价，了解各学科存在的不足，为校本课程的日趋完善提供参考依据。

选课、教研、上课、评价四个过程的有效开展，确保了校本课程的有效实施，为我校学生的自主发展、可持续发展提供了平台和保障，为我们实现绿色教育的育人目标奠定了坚实的基础。

第二节　绿色教育特色学校建设下的校本课程实施方案（2011年9月—2014年9月）

校本课程是相对于国家课程、地方课程而言，指学校自行规划、设计、实施的课程，是我国基础教育三级课程管理的重要内容。它是学校课程的重要组成部分，在新一轮基础教育课程中占有较突出的地位。我校坚持以一切为了学生发展为目标，充分利用学校现有的教学特色以及丰富的资源优势，加大了对校本课程的开发与研究的力度。为此，特制订十四中学校本课程实施方案。

一、指导思想

以《绿色教育三年规划》为依据，以"人文、民主、和谐、活力、可持续"的办学理念为指导，从学校的实际状况和学生的实际需要出发，对校本课程进行重新的整合、规划，培养学生个性，发挥教师特长，办出学校特色，以适应社会的进步和新时期课程改革的需要。

二、课程实施目标

1. 学生培养目标

我校绿色教育的培养目标是：培养具有责任感、自主意识、创新精神和有生存发展能力的人。校本课程的培养目标与之是一致的，即培养充满活力、可持续发展的人。通过校本课程的实施，促使我校学生在知识、品质、能力、个性等方面得到比较和谐、全面、可持续的发展，为学生提供更广阔的发展空间。

2. 教师发展目标

在校本课程的实施过程中，使全体教师深入领会新课改的精神，贯彻与体现具有时代特征的人本主义教育理念，学会学习、学会反思、学会创新，成为实践的研究者，促进教师专业化成长。

三、课程实施原则

1. 校本课程要体现基础性

基础教育要重视基础，校本课程将立足于打好学生文化基础、品德基础、身心基础，全面发展学生的能力，促进学生对学科知识的综合和运用。

2. 校本课程要体现发展性

根据学校实际状况，兼顾到每个学生的发展需要，树立着眼于学生发展的教育价值观，把为学生的发展服务当作校本课程的基本价值取向。

3. 校本课程要体现人文性

校本课程的人文性体现在课程的开发和实施需要教师充分参与，在课程的开发和实施中要重视教师的主动精神，要发扬团结协作的精神，使校本课程得到更深层次、更广泛的二次开发。同时，还要充分了解和反映学生的实际，重视学生参与，注意学生的反馈信息，不断根据学生的需要完善优化校本课程。

4. 校本课程要体现系统性

校本课程的内容要保证在科学、有序的前提下进行系统规划，使学生在经过一段时间的学习后，知识面得到一定的拓展，身心得到锻炼，审美素养得以提升。

四、课程实施具体措施

（一）建立健全校本课程开发组织体系

校本课程开发不是一两个人能完成的，是由校长、课程专家、教师等共同参与的。学校要形成开发校本课程的组织体系，形成校本课程开发工作领导小组、课程开发研究小组、课程考核评价小组，各小组要通力合作，共同创建"学习化校园"（具体分工见附件1）。

（二）加强校本课程开发的师资培训和课程研讨

1. 在校本培训中设立校本课程开发专题，进行讲座辅导和自学研讨，深入领会校本课程开发的意义和作用，提高认识，明确目标。

2. 以教研组为单位，根据学科特点、学生实际、学校状况及目标导向等因素，研究开发校本教材，将此作为教研组教研活动和集体备课活动的一个重要内容（教研组成员及教研制度详见附件2）。

3. 强化科研意识，以"校本教材开发"为课题展开研讨，使校本教材的开发步入科研、教研的科学轨道。

4. 创造条件，开展校本课程开发的技能培训。

（三）确立校本课程的结构

1. 《校本课程纲要》《校本课程标准》及教材的编写

《校本课程纲要》是教师层面上的具体的校本课程开发方案。设计《校本课程纲要》是教师开发校本课程的主要方面，是校本课程实施和评价的主要依据。

《校本课程标准》是教材编写、教学、评估和考试命题的依据，是学校管理和评价课程的基础。规定课程的性质、目标、内容框架，提出教学和评价建议。

以上两项内容先由任课教师编写，再由学校课程开发研究小组审核通过。

校本教材以学校的校长和教师为主体，为了有效地实现校本课程目标，达到教育学生的目的，对教学内容进行研究，并共同开发和制定一些基本的教与学素材。大部分课程是由任课教师结合以往教学使用的讲义及搜集整理的材料编写而成，其中《安全自救》《全球绿色环保》两门课程作为我校的特色课程，其教材由学校专门组织的教材编写组进行系统编写。

2. 课程分类

文学艺术类：青禾文学社、摄影、管弦乐、版画、硬笔书法（课程理念：注重对学生艺术的熏陶，形成对美的理解和评判，让学生在练习和交流中开拓视野，保持活力）。

竞技技能类：田径、羽毛球、足球、篮球、乒乓球、象棋、动漫制作、科技制作、影视制作（课程理念：在对学生动手能力和竞技能力培养的同时，使之保持健康的体魄，在动作、技能的训练中不断磨炼学生的自信心和耐挫力）。

专题课程类：朗读与演讲、礼仪与交往、旅游、神奇的生物世界、绿色环保、安全自救、青春期心理、中国传统节日（课程理念：在丰富学生对各领域知识的了解的同时，学会热爱祖国、热爱生活、热爱自然、热爱自己，从而不断提升学生的责任意识和合作意识）。

3．课程内容设置（详见附件3）

4．课程课时及上课时间计划（详见附件4）

（四）选课程序

1．向学生宣传实施校本课程的意义，激发学生参与校本课程学习的积极性。

2．学校向学生公布校本课程开设的科目、指导教师及课程说明等，让学生自由、自主选择课程。

3．学校调整各校本课程科目学习的人数，原则上组班不多于40人。

4．视学生选课的情况及场地的限制，安排好课时计划表，有目的有计划地实施校本课程。

（五）校本课程的评价体系

1．评价依据：绿色教育指导下的课程目标，即使我校学生在知识、品质、能力、个性等方面得到比较和谐、全面、可持续的发展，使教师成为贯彻与体现具有时代特征的人本主义教育理念，学会学习、学会反思、学会创新，成为实践的研究者，促进教师专业化成长。

2．评价内容（详见附件5）：

（1）学生评价；

（2）教师评价；

（3）课程评价。

3．评价部门：课程考核评价小组。

五、课程实施的过程

（一）准备阶段（2011年8月—2011年9月）

（1）成立课程开发领导小组和研究小组。

（2）全面评估分析确定校本课程总体目标，制定校本课程的大致结构。

（3）确定上课具体人员、时间、地点，编写《学生选修课程目录及课程介绍》。

（4）向学生公布《学生选修课程目录及课程介绍》。

（5）组织学生选择课程。

（6）组织教师培训如何制定本学科的相关《校本课程纲要》《校本课程标准》及如何编写相关学科的教学讲义。

（7）任课教师拟定具体的《校本课程纲要》《校本课程标准》并编写相关学科的教学讲义。

（8）"课程开发研究小组"审议通过教师编写的《校本课程纲要》《校本课程标准》及教学讲义。

（二）实施阶段：（2011年9月—2014年7月）

（1）依据绿色教育特色理念、课程建设规划，全面实施课程建设。

（2）继续修订课程内容，继续完善教学讲义及评价手段。

（3）考核评价小组对学生、教师、课程进行考核和评价。

（4）整理收集相关资料。

（三）总结阶段（2014年9月—2014年10月）

（1）整理相关各项研究成果资料。

（2）形成课程建设经验总结报告。

（3）整理其他物化成果。

附件1：

校本课程开发评价组织体系

1. 课程开发领导小组

组长：周慧芹

副组长：刘文、姜策

组员：孙金波、李丹、钟素之

具体职能：把握课程开发的方向，对实施过程进行监督、指导，对考核评价的结果进行认定。

2. 课程开发研究小组

组长：刘文

副组长：姜策

组员：校本课程教师

具体职能：具体落实课程开发的内容，并保证在实施过程中根据实际情况进行随时调整，确保课程开发的科学性和可持续性，达到我校"绿色教育"的育人目标。

3. 课程考核评价小组

组长：刘文

组员：孙金波、李丹、姜策、钟素之

具体职能：对课程实施的过程和实施的效果进行考核和评价。（具体见附件5）

附件2：
校本教研组成员及教研制度

一、教研组成员

教研组分类		教研组长	组员
专题课程必修组	安全自救	张海英	初一班主任
	绿色环保	张月	初二班主任
专题课程选修组		王明慧	王明慧、姚新、李艳、张福荣、李明华
文学艺术选修组		张杨	李玉丹、张杨、奚春燕、王宏军
竞技技术选修组1		潘明全	杨宁、张作东、潘明全、孙利民
竞技技术选修组2		刘敏	孙玉军、文继山、石良、刘敏

二、校本教研制度

校本教研即"以校为本的教学研究"，就是为了改进学校的教育教学，提高学校的教育教学质量，着眼于在真实的学校情境中发现问题、研究问题、解决问题，从而推动新课程的顺利实施，促进教师的专业发展。学校教研制度是学校制度文化的有机组成部分，是保持学校的长期稳定，维系学校正常秩序必不可少的保障机制，是教学质量的保障系统。（详见教研考核附表）

表1 教研安排表

教研组分类		集备时间	集备地点
专题课程必修组	安全自救	每月第一周周五第八节	初一集备室
	绿色环保	每月第一周周五第八节	初二集备室
专题课程选修组		每月第一周周四第八节	物理东实验室
文学艺术选修组		每月第一周周四第八节	物理西实验室
竞技技术选修组1		每月第一周周四第八节	初一集备室
竞技技术选修组2		每月第一周周四第八节	初二集备室

表2 教研考核表

教研组分类		检查时间	评价等级	综合评价等级
专题课程必修组	安全自救			
	绿色环保			
专题课程选修组				
文学艺术选修组				
竞技技术选修组1				
竞技技术选修组2				

附件3：

课程内容设置

课程类型		课程名称	指导教师		初一内容		初二内容
专题课程	必修课	安全自救	班主任	√	了解相关概念、知识	×	
		绿色环保	班主任	×		√	了解相关常识、展示环保发明
	选修课	朗读与演讲	丁威	√	了解朗读知识，实践练习	√	了解演讲知识，实践练习
		礼仪与交往	王明慧	√	基本知识学习及实践	√	实践与交流
		旅游	姚新	√	轮流介绍，了解相关知识	√	轮流介绍，了解相关知识
		神奇的生物世界	李艳	√	轮流介绍，了解相关知识	√	轮流介绍，了解相关知识
		青春期心理	张福荣	√	了解相关概念、知识	√	了解相关概念、知识
		中国传统节日	李明华	√	轮流介绍，了解相关知识	√	轮流介绍，了解相关知识
文学艺术	选修课	青禾文学社	李玉丹	√	名作赏析与片段仿写	√	文学创作
		摄影	张杨	√	常识学习与作品创作	√	技巧学习与作品创作
		管弦乐	奚春燕	√	简单乐曲学习与演奏	√	复杂乐曲学习与演奏
		版画	王宏军	√	常识学习与作品创作	√	常识学习与作品创作
竞技技术	选修课	田径	杨宁	√	基本动作学习及练习	√	强度与速度的练习、竞赛
		羽毛球	张作东	√	基本动作学习及练习、竞赛	√	基本动作学习及练习、竞赛
		足球	潘明全	√	基本动作学习及练习	√	强度与速度的练习、竞赛
		篮球	孙利民	√	基本动作学习及练习	√	强度与速度的练习、竞赛
		乒乓球	孙玉军	√	基本动作学习及练习、比赛	√	基本动作学习及练习、比赛
		象棋	文继山	√	基本步法、技巧的学习	√	练习、互动比赛
		动漫制作	石良	√	基本知识学习及实践	√	创作简单作品
		科技制作	胡楠	√	基本知识学习及实践	√	创作简单作品
		影视制作	刘敏	√	基本知识学习及实践	√	创作简单作品

附件4：

课时及上课时间、地点安排

课程类型	课程名称	课时安排（每学期）		上课时间	上课地点
		初一	初二		
	安全自救	8	0	间周周四第八节	本班教室
	绿色环保	0	8	间周周四第八节	本班教室
选修课	朗读与演讲	8	8	间周周三第八节	未知
	礼仪与交往	8	8	间周周三第八节	未知
	旅游	8	8	间周周三第八节	未知
	神奇的生物世界	8	8	间周周三第八节	未知
	青春期心理	8	8	间周周三第八节	未知
	中国传统节日	8	8	间周周三第八节	未知
	青禾文学社	8	8	间周周三第八节	未知
	摄影	8	8	间周周三第八节	未知
	管弦乐	8	8	间周周三第八节	未知
	版画	8	8	间周周三第八节	未知
	田径	8	8	间周周三第八节	大操场
	羽毛球	8	8	间周周三第八节	未知
	足球	8	8	间周周三第八节	大操场
	篮球	8	8	间周周三第八节	篮球场
	乒乓球	8	8	间周周三第八节	未知
	象棋	8	8	间周周三第八节	未知
	动漫制作	8	8	间周周三第八节	微机室
	科技制作	8	8	间周周三第八节	未知
	影视制作	8	8	间周周三第八节	未知

附件5：

校本课程的评价体系

一、指导思想

要突出评价的发展性功能和激励性功能，重视对学生学习潜能的评价，立足于促进学生的学习和充分发展，为实施"绿色教育"提供有利的支撑环境。

二、评价内容

（一）学生评价

1. 学习过程评价：结合课上听课、讨论、发言、质疑等环节的态度和表现，学生对自己、教师对学生分别进行评等。

2. 学习效果评价：结合作业质量、阶段性测试、活动参与等形式，学生对自己、教师对学生分别进行评等。

3. 阶段性综合评价：经过一个阶段的学习和活动（一个学期或一个学年），结合自评和师评进行综合评等。

表1　学生评价标准

评价内容			A	B	C
自评、师评	学习过程评价	听课	认真投入	偶尔溜号	注意力不集中
		讨论	主动参与	较好参与	作为旁观者
		发言	积极举手发言	偶尔举手发言	不举手发言
		质疑	大胆质疑	参与质疑	从不质疑
	学习效果评价	作业质量	认真完成	较好完成	未完成
		阶段性测试	成绩优异	成绩良好	成绩偏差
		活动参与	积极主动	能及时参与	不主动参与
阶段性综合评价			自评×40%+师评×60%		

第六章 课程育人——构建绿色教育校本课程

表2 学生考核评价表

姓名	平日评价																	过程评价		作品评价		综合评价
	1月		2月		3月		4月		5月		6月		7月		8月		自评	师评	自评	师评	
	日		日		日		日		日		日		日		日						
	考勤	考核	考勤	考核	考勤	考核	考勤	考核	考勤	考核	考勤	考核	考勤	考核	考勤	考核					

（二）教师评价

1．教学准备评价：对教学设计、学生考勤、课件及道具（或实验器材）的准备给予评等。

2．教学过程评价：对教师授课过程中的板书、教态、课堂组织情况给予评等。

3．教学效果评价：对学生的问卷或座谈调查及对学生学习成果的验收给予评等。

表3 教师评价标准

评价内容		A	B	C
教学准备评价	教学设计	翔实，有可操作性	较完整，设计一般	内容空洞，不可操作
	学生考勤	考勤及时，记录准确	考勤不及时或记录不准确	无考勤环节
	课件及道具（或实验器材）的准备	准备充分	准备不充分	无准备
教学过程评价	板书	科学、美观	内容规范，但缺乏设计	无板书或内容随意
	教态	严谨、得体	偶尔有随意性	随意、不规范
	课堂组织	严谨、有序，以学生为主体	较好，偶尔有失控情况	无序、松散、随意
教学效果评价		很好完成校本课程育人目标	较好完成校本课程育人目标	未完成校本课程育人目标
综合评价		教学准备评价×30%+教学过程评价×30%+教学效果评价×40%		

表4　教师考核评价表

课程类型	课程名称	教学准备评价	教学过程评价	教学效果评价	综合评价
必修课	安全自救				
	绿色环保				
选修课	朗读与演讲				
	礼仪与交往				
	旅游				
	神奇的生物世界				
	青春期心理				
	中国传统节日				
	青禾文学社				
	摄影				
	管弦乐				
	版画				
	田径				
	羽毛球				
	足球				
	篮球				
	乒乓球				
	象棋				
	动漫制作				
	科技制作				
	影视制作				

（三）课程评价

通过对课程计划、实施的过程、实施的结果进行评价打分，对参与实施的教师、学生进行全方位的调查了解，结合他们的意见对课程的开发进行评价，并提出改进的措施或意见。

第七章 习惯立人——找准实施有效德育的切入点

用德育牵动特色建设工作,是我们推进绿色教育的又一举措。我校在辽宁省教育科学规划办立项了"实施有效德育,创建特色学校"科研课题,用科学的路线引领学校德育工作,开展了有效德育的目标、内容、途径和方法以及评价的研究,探索出了文化养人、习惯立人、课程育人、评价成人的德育工作路径,培养了大批品学兼优的优秀学生。有效德育推动了绿色教育特色学校的创建,也成了绿色教育的成果。该课题历经两年的研究,已于2013年11月顺利结题并被评为优秀课题,2015年荣获辽宁省教育科研优秀成果二等奖。

第一节 对有效德育重要性的认识

一、大处着眼——用立德树人思想引领德育工作

有效德育即指绿色教育理念下的德育,旨在以"人文、民主、和谐、活力、可持续"的绿色教育理念为指导,以党和国家德育工作目标和内容为方向,以有效德育实施体系和评价激励体系构建为重要抓手,扎实有效地落实德育工作。有效德育通过文化滋养、习惯养成、课程教育、评价激励等基本途径,使学生获得道德成长和习惯养成,成为社会主义建设的有用人才。

德乃事业之基,做人之本。正可谓"小胜在智,大胜在德"。终身之计,莫如树人;育人之本,莫如铸魂。党的十八大报告首次把立德树人明确为教育的根本任务,党的十九大报告提出"落实立德树人根本任务"。树什么人,铸什么魂,为谁树人,怎样树人,是教育工作者应该用对党的

忠诚，对国家、民族的忠诚来回答的问题，用切实的教育行动来回答的问题。

立德树人，须和国之大计、党之大计同向同行。就是要培养一代又一代拥护中国共产党领导、能够服务改革开放和社会主义现代化建设，与民族复兴同向同行，立志为巩固和发展中国特色社会主义奋斗终生的有用人才。实现"两个一百年"的奋斗目标和中华民族伟大复兴的中国梦，中国千千万万的学子必将全过程参与。因此，我们要在坚定理想信念上下功夫，在厚植爱国主义情怀上下功夫，使我们的学生热爱祖国，具有民族自尊心、自信心、自豪感，立志为祖国的社会主义现代化建设努力学习，使党和人民的教育事业同党和国家事业发展要求相适应，同人民群众期待相契合。

国势之强由于人，人才之成出于学。立德树人，要和培养德智体美劳全面发展的建设者和接班人的教育方针相一致。"在加强品德修养上下功夫，在增长知识见识上下功夫，在培养奋斗精神上下功夫，在增强综合素质上下功夫"。要使我们的学生树立公民的国家观念、道德观念、法治观念，具有良好的道德品质、劳动习惯和文明行为习惯，培养良好的学习习惯，为祖国刻苦学习、努力锻炼、增长才干，同时具有自尊自爱、诚实正直、积极进取、不怕困难等心理品质和一定的分辨是非、抵制不良影响的能力。要让勤奋学习成为青春远航的动力，让增长本领成为青春搏击的能量，牢固树立梦想从学习开始、事业靠本领成就的观念。只有德智体美劳全面发展，长大后才能辛勤劳动、诚实劳动、创造性劳动，才能堪当民族复兴大任，才能学会求知、学会做事、学会共处、学会做人，做社会主义的建设者和接班人。

我们国家在不同的历史时期，对中小学德育工作都提出了不同的要求，1994年、2000年都提出了新形势下的改进意见。2017年8月，国家教育部颁布了《中小学德育工作指南》，提出了新的总体目标：培养学生爱党爱国爱人民，增强国家意识和社会责任意识，教育学生理解、认同和拥护国家政治制度，了解中华优秀传统文化和革命文化、社会主义先进文化，增强中国特色社会主义道路自信、理论自信、制度自信、文化自信，引导学生准确理解和把握社会主义核心价值观的深刻内涵和实践要求，养成良好政治素质、道德品质、法治意识和行为习惯，形成积极健康的人格和良好心理品质，促进学生核心素养提升和全面发展，为学生一生成长奠定坚实的思想基础。对初中学生的目标是：教育和引导学生热爱中国共产党，热爱祖国，热爱人民，认同中华文化，继承革命传统，弘扬民族精神，理解基本的社会规范和道德规范，树立规则意识、法治观念，培养公民意识，掌握促进身心健康发展的途径和方法，养成热爱劳动、自主自立、意志坚强的生活态度，形成尊重他人、乐于助人、善于合作、勇于创新等良好品质。要求通过理想信念教育、社会主义核心价值观教育、中华优秀传统文化教育、生态文明教育、心理健康教育，改进我国中小学德育现状，遵照坚持正确方向原则，加强党对中小学校的领导，全面贯彻党的教育方针，坚持社会主义办学方向，牢牢把握中小学思想政治和德育工作主导权，保证中小学校成为坚持党的领导的坚强阵地；坚持遵循规律原则，遵照中小学生年龄特点、认知规律和教育规律，注重学段衔接和知行统一，强化道德实践、情感培育和行为习惯养成，努力增强德育工作的吸引力、感染力和针对性、实效性；坚持协同配合原则，发挥学校主导作用，引导家庭、社会增强育人责任意识，提高对学生道德发展、成长成人的重视程度和参与度，形成学校、家庭、社会协调一致的育人合力；坚持常态开展原则，推进德育工作制度化常态化，创新途径和载体，将中小学德育工作要求贯穿融入学校各项日常工作中，努力形成一以贯之、久久为功的德育工作长效机制。

我们要从立德树人的大处着眼，用国家的宏观德育思想来引领教育工作，深入挖掘德育工作内涵，探索德育工作新途径，将立德树人思想融入思想道德教育、学科文化教育和社会实践活动中，融入学校全方位育人体系中。

因此，我们重新调整建立了《十四中学德育工作指南——德育目标、内容、途径体系图》，指导学校德育工作（见附件1：十四中学德育工作指南）。同时，我们按照工作指南，指导学校德育工作落实，要求围绕中心，突出方向，落到实处（见附件2：大连市第十四中学2019—2020学年度第二学期德育工作计划）。

二、小处入手——一点一滴进行养成性教育

德育工作是学校教育的"根",而行为习惯和品德的养成是德育工作的"根",根正则人正。养成教育是德育工作重要的切入点。所谓养成教育,就是培养学生良好行为习惯的教育。它往往从行为训练入手,综合多种教育方法,全面提高学生的"知、情、意、行",最终形成良好的行为习惯。养成教育既包括正确行为的指导,也包括良好习惯的训练;既包括行为习惯培养,也包括语言习惯、思维习惯的养成。习惯是养成教育的结果,是经过反复练习而巩固下来,并变成需要的语言、思维、行为等生活方式,是不需要任何意志努力和监督的、自动化了的行动。

俗话说:习惯改变命运。我们认为:"好习惯等于好品格。"从更深刻的意义上讲,习惯是人生之基,而基础水平决定人的发展水平。好习惯的力量是不可估量的,它有时甚至能助推一个人从平庸走向卓越。一个人养成了良好的行为习惯,就如同掌握了通往目标的技巧,它将贯穿人生的始终。好的习惯能缩短思考或行动所需要的时间,提高行动和思考的精确性,减轻对细节的关注并减少疲惫。良好习惯持之以恒的秉性,能够修正一个人的不足,历练一个人的性格,增添一个人的涵养,使人牢牢把握前进的正确方向,从而超越平凡,脱颖而出。甚至可以说,除非一个人成功地培养出许多有益的习惯,否则他不可能真正地一帆风顺,迅速取得进步。

习惯既可以帮助我们走向光明,也可以把我们推向毁灭。克服一个坏习惯,要比养成一个好习惯困难得多。所以克服坏习惯最好的方法就是从一开始就远离它,或者说,从一开始就用好习惯来替代它。如果我们没有刻意去培养好的习惯,就会不经意地养成坏的习惯。

学校教育归根结底是一个以书本和活动为载体,一丝不苟地培养良好习惯的过程。爱因斯坦曾说过这样一句话:"如果人们已经忘记了他们在学校里所学的一切,那么所留下的就是教育。"爱因斯坦所说的"留下的"指的是真正的素质,而好习惯无疑是最重要的素质之一。

为此,学校提出了习惯立人的理念,即抓实养成教育,培养学生良好

的行为习惯和品德。

行为决定习惯，习惯决定性格，性格决定命运。培养学生良好的行为习惯最关键的是实施精细化管理。一要把学生学习、行为、做人习惯的培养当成德育工作的永恒主题。二要抓细节落实，精细化管理是解决当代中学生个性思想问题的最好办法。我们采取"大处着眼，小处着手"的育人策略，教育学生从小事做起，从一点一滴做起，"爱祖国先从爱身边的人做起，为他人服务先从生活自理做起，英雄主义先从珍惜生命做起，保护生态先从爱惜一草一木做起，实现伟大的理想先从一笔一画认认真真写字做起"。我们全面贯彻《中学生守则》，并对其进行细化和解读，形成了自编的《十四中学学生日常行为习惯养成规范》，作为学生养成教育标准，让学生记诵于心，强化于行，每年新生到校的第一项任务就是解读和背诵《三字箴言》，我们要求老师务必给学生解读清楚每一句话的含义以及这样做的意义，即先明理，后践行。我们坚持德育阵地——每周一次话题班务，雷打不动，进行专题教育和故事育人。我们根据养成教育目标，选取生动的故事，由老师讲到学生讲，将本来抽象的道理通过故事的阐释而具体化、形象化，让道理变得更容易接受，让学生更易于增长学习和生活的智慧，在潜移默化中启迪了学生，教育了学生。我们还将这些故事编辑成册，形成我校德育校本教材——《在故事中长大》。我们常年坚持落实《十四中学学生行为习惯考核评比方案》，进行严格细致的常规考核和星级集体评比，每周一次总结表彰，在学生心目中牢固树立规则意识、纪律意识和公德意识。

按照《中共中央关于进一步加强和改进未成年人思想道德建设的若干意见》的精神实质，我们努力构建以学校教育为主导、家庭教育为辅助、社区教育为依托、教育和社会实践为载体的德育工作体系，创建了以学校道德养成教育为主扩展德育形式，以班主任为主体扩大德育队伍，以主题教育为重点挖掘德育内涵的德育工作思路。为了避免德育目标过大过高，脱离实际，学校大处着眼，小处着手，根据学生的年龄特点，针对教育层次，采取了"避开空口说教，实事训练育人；给孩子成功的机会，开放育人；杜绝'圣化'教育，坚持'底线'育人"的德育工作思想。明确规定了德育工作的五个底线：爱祖国先从爱身边的人做起；为他人服务先从生活自理做起；英雄主义先从珍惜生命做起；保护生态先从爱惜一草一木做起；实现伟大的理想先从一笔一画认认真真写字做起。我校的德育工作历来不是一般的号召、提倡，而是讲渗透、讲诱导、讲陶冶，从小事做起，从一点一滴做起，小步伐、小角度、小细节、小尺度，切切实实地把一切小事都和培养教育学生联系起来。如：学校实行值周班长轮流制、科代表轮流制、班级备品承包责任制，达到人人有事做，事事有人做，让学生在做中感悟、体验，实现自主教育；在困难生转化方面，通过"面对面"辅导和"手拉手"互帮，切实帮助困难生摆脱学习困难，从而增强自尊心和自信心。

"十一五"期间，学校开展了深入细致的"中学生养成教育研究"，并获辽宁省"十一五"教育科研成果三等奖。

三、课程是落实德育最系统、最稳定的载体

育人的主渠道在课堂，我们重在发挥课程在教育教学过程中的主导作用，把社会主义核心价值体系融入学校的德育目标中，构建了德育课程体系，即德育学科课程、德育渗透课程、德育校本课程、德育活动课程。

一级课程是国家课程《思想品德》课和其他国家课程。《思想品德》课是国课中对学生进行思想道德建设的主要渠道，体系完整，内容全面，具有开放性、整体性、社会性和实践性，具有不可替代性。我们要求思想品德学科教师，不能把该学科教学变成知识传授课程，而要上成思辨课、案例分析课、思想引领课、成长指导课。我们在其他国家课程中大力开展学生核心素养培养。学生核心素养，是指学生应具备的，能够适应终身发展和社会发展需要的必备品格和关键能力。

品格即精神，人只有超越自己、超越物质、超越现实，才能谈得上品位和格调；品格即行为，行为是品格的外显，行为只有成为一种习惯，达到了无须提醒的自觉，才算是形成了品格。从学校教育的角度来说，所谓的能力是"剩下来的东西""带得走的东西"和"可再生的东西"。学生

的阅读能力（输入）、思考能力（加工）和表达能力（输出）是学生学习的基本能力、核心能力，是人生走向成功的基石。必备品格与关键能力恰似"人"的一撇一捺，支撑着人的发展，也是立德树人要树的完整的人、身心健康的人、和谐发展的人。

二级课程是地方课程。国家对于地方课程的实施越来越重视，课程内容非常丰富，是国家课程的有力补充。如《魅力辽宁》《人与自我》《人与自然》《人与社会》这些课程资源，是我们进行爱祖国爱家乡教育、心理健康教育、道德与法治教育、绿色生态教育的极好教材，是对学生进行思想道德建设的有力抓手。

三级课程是校本课程。我校的德育校本必修课有《在故事中长大》《生命生存》《全球绿色环保》。《在故事中长大》通过小故事大道理，寓教育于故事之中，面向初中一年级学生；《生命生存》是对学生进行生命教育和安全教育的专门课程，供初中一年级学生使用；《全球绿色环保》面向初中二年级学生，是对学生进行绿色生态教育，正确处理人与自然关系的课程。这三门课程都是间周一次，由班主任老师来上。上课之前，班主任老师以年级为单位集体备课，要准备课件，一人主讲，其他人研讨，共同备课。

课程是落实德育最好的载体，我校的三级课程体系是学校德育最有力的保证。

附件1：

十四中学德育工作指南（目标、内容、途径体系图）

德育目标	德育内容	德育途径和方法
1. 热爱中国共产党，热爱祖国，热爱人民，认同中华文化，继承革命传统，弘扬民族精神，引导学生准确理解和把握社会主义核心价值观的深刻内涵和实践要求。教育帮助初中生初步形成为实现中华民族伟大复兴而努力学习的理想 2. 了解基本的社会规范和道德规范，树立规则意识、法治观念，培养公民意识，尊重、关心他人，养成劳动习惯和生活自理能力 3. 掌握促进身心健康发展的途径和方法，养成热爱劳动、自主自立、意志坚强的生活态度，形成尊重他人、乐于助人、善于合作、勇于创新等良好品质	1. 社会主义核心价值观教育，爱国主义、社会主义、集体主义和中国革命传统教育，中华民族优良传统文化和廉政教育 2. 国际主义、民族团结教育，社会发展规律教育 3. 理想信念教育、学生核心素养教育，为实现中华民族伟大复兴而贡献力量 4. 道德教育：公民道德教育；社会主义人道主义教育；遵守《中学生守则》；良好意志品格教育和审美情操培养 5. 社会主义民主、法治与纪律教育：民主和法治观念教育以及宪法、刑法等法律知识教育，自由和纪律、个人与集体的关系教育 6. 生态文明教育，热爱劳动、珍惜劳动成果的教育 7. 生命教育：心理健康教育、身体健康教育；青春期心理卫生和性道德教育 8. 生涯教育、个性发展教育，初步的职业道德教育	文化养人： 绿色教育精神文化系统 红色基因传承工程 自信、自主、自立、自强的团队文化建设 中国梦宣传教育 校园物质文化建设：环境育人、党建文化长廊、成长之窗 精神文化活动：仪式教育、典礼教育、纪念日教育 学科文化活动：大阅读、经典诵读、英语节 "弘扬和培育民族精神月"活动 实践活动：参观爱国主义教育基地等活动 宣传阵地：校史馆、校园公众平台、校园电视台、青禾报、校园网 习惯立人： 底线育人：《一日行为规范》践行活动 话题班务：专题教育 升旗仪式：社会主义核心价值观主题教育 常规考核和星级集体评比 课程育人： 思想品德课：思想道德建设 课堂教学主阵地实施德育渗透 校本必修课：《生命生存》《全球绿色环保》《生涯发展教育系列校本课程》 校本选修课程：神奇的生物世界、摄影、版画等 德育校本课程：《在故事中长大》 综合实践活动课：学工、学农、学军 心理健康教育课：《生涯发展教育系列校本课程》 体育节：大课间活动，校园集体舞《律动青春》《祝福祖国》《大地飞歌》 社会实践活动：志愿者服务、慰问养老院等 学生社团活动：管乐、文学社、动漫社等 评价成人： "填满绿色"评价体系：绿色足迹—填满绿色—绿色少年评比表彰—星级绿色少年评比表彰 《绿色足迹成长手册》

附件2：

大连市第十四中学2019—2020学年度第二学期德育工作计划

一、指导思想

以习近平新时代中国特色社会主义思想为指导，坚决贯彻习近平总书记关于疫情防控工作的重要讲话精神，全面贯彻党的十九大精神、全国教育大会精神、《新时代爱国主义实施纲要》，贯彻落实党中央和省、市决策部署及"2·14"甘井子区教育局视频会议精神以及《大连市第十四中学疫情防控工作总方案》的要求，确保打赢十四中校园疫情防控阻击战。坚持把立德树人作为学校教育的根本任务，坚持把实现中华民族伟大复兴的中国梦作为鲜明主题，坚持爱党爱国爱社会主义相统一，坚持高扬爱国主义旗帜，着力培养爱国之情，砥砺强国之志，实践报国之行，使爱国主义成为全体师生的坚定信念、精神力量和自觉行动。

坚持改革创新，以凝聚人心、完善人格、开发人力、培育人才、造福人民为工作目标，培养德智体美劳全面发展的社会主义建设者和接班人。

二、基本要求

以教育部《中小学德育工作指南》《大连市第十四中学"十三五"发展规划》和《大连市第十四中学德育工作指南》为指导，激活我校"习惯立人、文化养人、课程育人、评价成人"的有效德育立体实施体系，强化学校德育渗透的基础性作用，全面突出我校德育工作实效，注重落细、落小、落实、日常、经常、平常，强化教育引导、实践养成。大力开展爱国主义教育、理想信念教育、社会主义核心价值观教育、中华优秀传统文化教育、革命理想教育、卫生健康教育、加强思政教育、心理健康教育、劳动教育，增强美育熏陶、践行生态文明教育。大力弘扬民族精神和时代精神，强化祖国统一和民族团结进步教育，厚植爱国情怀，培育国际视野，加强品德修养，培养敬畏生命意识，培养卫生健康和谐的生活与学习习惯。提升学生的核心素养，增知识、长见识，继续营造"自信、自立、自主、自强"特色学生团队文化并继续融入奋斗精神，强化规则纪律意识，根植民主法治观念，培养现代公民意识，养成创新合作思维，坚持知行合一，为学生未来发展奠基，着眼培养担当民族复兴大任的时代新人。

三、工作目标

（一）校园疫情防控工作：从严从紧管控好校园校门，以封闭式、网格化管理夯实第一道安全防线；完善疫情信息监测报告网络，做到早发现、早报告、早隔离、早治疗，拧紧第二道安全防线；建立快速反应机制，以细之又细的行为规范有效防控和预防疫情在学校的发生和蔓延，构建第三道安全防线；按照要求做好对学生的服务、沟通、教育、引导，落实好稳人心、暖人心、振人心的宣传教育工作，筑牢第四道安全防线；加强各部门的协同、联动、配合，服务学生，凝成第五道安全防线。

（二）加强德育队伍建设，继续深入贯彻全员育人、全程育人的德育理念，通过开展德育教育专题培训，增强班主任工作的政治性、时代性、科学性、时效性、艺术性、协同性，强化班主任队伍进行爱国主义教育、时事思政教育的能力，锻造一支政治强、情怀深、思维新、视野广、自律严、人格正的班主任团队，进而促使我校德育队伍的又红又专的战斗力全面提升。

（三）以三级课程为平台，要紧紧抓住青少年阶段的"拔节孕穗期"，充分发挥课堂教学主渠道作用，创新爱国主义教育的形式，突出思政教育的必要性、时代性、实效性，不断对学生进行立德树人教育，厚植爱国情怀，培育奋斗精神。

（四）为厚植爱国主义情怀、弘扬抗疫精神、重振师道尊严、强化纪律管理、树立规则意识、养成集体主义精神、传播中华传统文化等，学校继续发挥"绿色教育"体系中文化养人和评价成人的作用，促进学生的全面发展。

（五）将德育始终渗透到学校活动中。组织纪念活动。充分挖掘重大纪念日、重大历史事件蕴含的德育资源，充分运用"七一"党的生日、"八一"建军节等时间节点，组织学生参与各种纪念活动，唱响共产党好、人民军队好的主旋律，引导学生牢记历史、不忘过去、缅怀先烈、面向未来,激发爱国热情,凝聚奋进力量。发挥传统和现代节日的涵育功能。落实国家开展的"我们的节日"主题活动,利用清明、端午等重要传统节日,开展丰富多彩、积极健康、富有价值内涵的文化活动,引导学生感悟中华文化、增进家国情怀。结合抗击疫情宣传、"向雷锋同志学习"、"五一"国际劳动节、"五四"青年节及"全国中小学生宣传教育日""世界卫生日""国际护士节""国际禁毒日"等,开展各具特色的活动,激发学生的爱国主义和集体主义精神。

(六)多渠道巩固良好家校关系,助力学生健康成长。

(七)扎实做好安、体、卫、艺工作,促进学生全面成长。

(八)将爱国主义教育、纪律规范教育、法治教育、预防毒品教育、食品安全教育、垃圾分类教育等常态化、课程化,不断践行社会主义核心价值观,培养社会主义建设者与接班人。

四、具体途径

(一)校园疫情防控工作:详见疫情防控工作预案。

(二)目标:加强德育队伍建设,继续深入贯彻全员育人、全程育人的德育理念,通过开展德育教育专题培训,增强班主任德育工作的政治性、时代性、科学性、时效性、艺术性、协同性,强化班主任队伍进行爱国主义教育、时事思政教育的能力,锻造一支政治强、情怀深、思维新、视野广、自律严、人格正的班主任团队,进而促使我校德育队伍的又红又专的战斗力全面提升。

1. 为更好地教育帮助初中生初步形成为实现中华民族伟大复兴而努力学习的理想,必须要增强班主任德育工作的政治性、时代性、科学性、时效性、艺术性、协同性。要着眼于新时代中国发展的需要,增强班主任思政教育的能力,要学习先进的德育理念,进而提升班主任队伍的师德素养和育人水平,采取如下评比活动:

序号	活动内容	参与对象	时间(周五)
1	班主任沙龙——疫情面前我对学生这样讲	全体班主任	3月2日第五节
2	优秀班级体建设方案评比	全体班主任	3月27日第五节
3	班主任思政课观摩	全体班主任	"五四"纪念日期间

2. 坚持德育为先，统筹各类途径，有效落实全员育人。

充分运用课程育人、文化育人、活动育人、实践育人、管理育人、协同育人有效德育途径，全体教师共同参与，全方位、多角度引领学生热爱中国共产党、热爱祖国、热爱人民，认同中华文化，继承革命传统，弘扬民族精神，引导学生准确理解和把握社会主义核心价值观的深刻内涵和实践要求，加强品德修养教育，强化良好的行为习惯和法治意识的养成。广泛开展先进典型、英雄模范学习宣传活动，积极创建文明校园。

各学科教师要在教学设计中充分体现爱国主义的渗透点、思政教育的实效、学生核心素养的培养目标及具体方法，通过集体备课讨论归纳，最终在课堂教学中进行有效落实，课后反思、小结。此项工作将作为学校检查教学设计及课堂评价的重点关注内容，依据教务处检查教案、集体备课、上课情况进行落实。

课程	教学设计中必须要体现的德育渗透点
道德与法治	要围绕课程目标联系学生生活实际，挖掘课程思想内涵，充分利用时政媒体资源，精心设计教学内容，优化教学方法，发展学生道德认知，注重学生的情感体验和道德实践
语文、历史、地理	利用课程中语言文字、传统文化、历史地理常识等丰富的思想道德教育因素，潜移默化地对学生进行世界观、人生观和价值观的引导
数学、物理、化学、生物等	要加强对学生科学精神、科学方法、科学态度、科学探究能力和逻辑思维能力的培养，促进学生树立勇于创新、求真求实的思想品质
音乐、体育、美术	要加强对学生审美情趣、健康体魄、意志品质、人文素养和生活方式的培养
外语课	要加强对学生国际视野、国际理解和综合人文素养的培养
综合实践活动	要加强对学生生活技能、劳动习惯、动手实践和合作交流能力的培养
地方和学校课程	引导学生了解家乡的历史文化、自然环境、人口状况和发展成就，培养学生爱家乡、爱祖国的感情，树立维护祖国统一、加强民族团结的意识 统筹开展法治教育、廉洁教育、反邪教教育、文明礼仪教育、环境教育、心理健康教育、劳动教育、毒品预防教育、影视教育等专题教育

3. 强化班主任队伍进行爱国主义教育、时事思政教育的能力，锻造一支政治强、情怀深、思维新、视野广、自律严、人格正的班主任团队，是为了在教育教学中更好地让学生增知识、长见识，培育奋斗精神，强化

规则纪律意识，根植民主法治观念，培养现代公民意识，养成创新合作思维。

（1）本学期通过理论学习、培训、经验分享等形式对班主任进行4次培训。充分发挥名优班主任工作室带动作用，名优班主任分别对全体班主任进行培训，共同探索新时代班主任工作的有效途径，提炼行之有效的育人方法，不断增强班主任工作的科学性和实效性。具体安排如下：

序号	培训主题	主讲人	时间（周五）
1	新学期德育计划解读、疫情防控工作安排	孙鹏	2月24日第五节
2	《新时代爱国主义实施纲要》解读	孙鹏	3月6日第五节
3	班主任工作创新实践分享——让班主任工作与时俱进	孙宏杰	4月10日第五节
4	优秀思政教育案例介绍	观察后择优	6月5日第五节

名优班主任每位帮带2名青年班主任，制订帮带计划，记录帮带过程及措施，期末进行师徒帮带工作总结。开学初按月份将师徒帮带计划上交政教处，政教处将根据计划落实检查，督促计划有效落实。

师傅	徒弟
王聪	刘晓黎
孙宏杰	张晴
丁威	胡楠
姜超	于涵
闫旭	葛欣鑫
刘翠晶	倪贺
阚新慧	李乔
姜超	于涵

（2）优秀班主任开展班级管理方面的交流、研讨3次，研究有效方法来解决班主任在班级管理和学生教育中存在的实际困惑与问题。

序号	学习、研讨内容	主持人	活动时间（周五）
1	如何开展好思政教育	乔红艳	3月20日
2	我从书中汲取的力量	闫旭、张晴、葛欣鑫	4月24日
3	期末有效动员，期末家长会培训	姜超	6月5日

（三）充分发挥三级课程的育人实效，提升学生核心素养。

1. 国家课程

为培养德智体美劳全面发展的社会主义建设者和接班人，要根据不同年级和不同课程特点，充分发挥课堂教学的主渠道作用，充分挖掘各门课程蕴含的德育资源，将学生核心素养融入渗透到各学科课程教育教学中，更好地进行爱国主义教育、理想信念教育、社会主义核心价值观教育、中华优秀传统文化教育、革命理想教育、卫生健康教育、思政教育、心理健康教育、劳动教育、美育熏陶、生态文明教育、民族精神和时代精神教育、强化祖国统一和民族团结进步教育，培育国际视野，加强品德修养，培养敬畏生命意识，培养卫生健康和谐的生活与学习习惯。

如：语文、道德与法治、思想品德课，数理化、外语、地生、信息、音体美，要给学生种下真善美的种子，引导学生扣好人生的第一粒扣子。要有信仰、讲信仰，要心怀祖国、培育家国情怀，创新课堂教学，给学生深刻的学习体验，引导学生树立正确的理想信念，学会正确的思维方法。视野要广，既要有知识，也要放眼国际，更要回顾历史，要深入、具体、生动地把学生思想意识中模糊的地方讲清楚、讲明白，让学生的视野更加拓宽。自律要严，做到课上课下一致，网上网下一致。自觉弘扬主旋律，积极传递正能量！人格要正，要有堂堂正正的人格，用高尚的人格感染学生、赢得学生，用真理的力量感召学生，以深厚的学识功底赢得学生，自觉做为师的表率！结合学校对教案、备课、上课的检查进行跟踪反馈。

2. 地方课程（间周三第九节）

为更好地与国家课程形成育人合力，使学生继续强化社会规范和道德规范，树立规则意识、法治观念，培养公民意识，尊重、关心他人，养成劳动习惯和生活自理能力，掌握促进身心健康发展的途径和方法，养成热爱劳动、自主自立、意志坚强的生活态度，形成尊重他人、乐于助人、善于合作、勇于创新等良好品质，要继续发挥地方课程中蕴含的如下教育内容：

道德教育：公民道德教育；社会主义人道主义教育；遵守《中学生守则》；良好意志品格教育和审美情操培养。

社会主义民主、法治与纪律教育：民主和法治观念教育以及宪法、刑法等法律知识教育，自由和纪律、个人与集体的关系教育。

热爱劳动、珍惜劳动成果的教育。

生命教育：心理健康教育、身体健康教育、青春期心理卫生和性道德教育。

生涯教育、个性发展教育、初步的职业道德教育。

本学期地方课程与德育课程进行整合，具体安排如下：

七年级地方课程与德育课程育人整合运行表

年级	课程名称	教材内容	授课教师	授课时间	授课地点	授课形式	下学期	德育内容
七年级	人与自我	第9课	闫旭	第一周	班级教室	话题班务	1	自信
	魅力辽宁	第4课	翟婷婷	第三周	班级教室	话题班务	1	自立
	魅力辽宁	第5课	葛欣鑫	第五周	班级教室	话题班务	1	自主
	魅力辽宁	第6课	王聪	第七周	班级教室	话题班务	1	自强
	德育课程	在故事中长大	刘晓黎	第九周	班级教室	话题班务	1	自信
	德育课程	在故事中长大	韩颖	第十一周	班级教室	话题班务	1	自立
	德育课程	在故事中长大	马卓	第十三周	班级教室	话题班务	1	自主
	德育课程	在故事中长大	王明慧	第十五周	班级教室	话题班务	1	自强

八年级地方课程与德育课程育人整合运行表

年级	课程名称	教材内容	授课教师	授课时间	授课地点	授课形式	下学期	德育内容
八年级	魅力辽宁	第6课	孙鹏	第一周	大操场	升旗仪式1	1	自信
	魅力辽宁	第1、2课	胡楠	第三周	班级教室	话题班务	1	自立
	魅力辽宁	第3、4课	丁威	第五周	班级教室	话题班务	1	自主
	人与自我	第5单元	孙鹏	清明节	班级教室	清明节安全教育	1	自信
	魅力辽宁	第5课	孙宏杰	第七周	班级教室	话题班务	1	自强
	德育课程	在故事中长大	张晴	第九周	班级教室	话题班务	1	自立
	德育课程	在故事中长大	朱丽	第十一周	班级教室	话题班务	1	自主
	德育课程	在故事中长大	郑金鹏	第十三周	班级教室	话题班务	1	自强
	德育课程	在故事中长大	陈敏	第十五周	班级教室	话题班务	1	自信
	德育课程	在故事中长大	孙鹏	第十六周	班级教室	话题班务	1	自立

九年级地方课程与德育课程育人整合运行表

年级	课程名称	教材内容	授课教师	授课时间	授课地点	授课形式	下学期	德育内容
九年级	魅力辽宁	全一册	孙鹏	第三周	大操场	升旗仪式2	1	自信
	人与自我	第7课	孙鹏	清明节	班级教室	清明节安全教育	1	自强
	魅力辽宁	全一册	孙鹏	第五周	大操场	升旗仪式3	1	自信
	魅力辽宁	全一册	孙鹏	第七周	大操场	升旗仪式4	1	自立
	人与自我	第3单元	孙鹏	第九周	班级教室	劳动节安全教育	1	自主
	人与自我	第5单元	孙鹏	端午节	班级教室	端午节安全教育	1	自强

3. 校本必修课程（间周三第九节）

为牢固树立和践行"绿水青山就是金山银山"理念，大力弘扬社会主义生态文明观，加快发展生态文明教育，本学期将继续开设校本必修课程，初一年级《生命生存》，初二年级《全球绿色环保》，以此来促进学生生存意识和环保意识的提升。

（1）授课时间为间周三上一次课，每课时完成一个单元的教学内容。

（2）主讲人对自己负责的章节进行教学设计并制作课件。

（3）利用班主任例会时间进行集体备课，集思广益，拿出最佳的授课方案。（主讲人主持—集体讨论—确定授课方案）

（4）授课过程中，政教处将对课堂进行跟踪检查。

①政教干事，每人负责一个年级，重点检查以下方面：上课时间是否保证，教师授课是否认真，学生听课是否专注。

②政教主任跟班听课，每次有计划地听两个班级的课，并根据具体的评课标准进行打分。

校本必修课运行表

年级	课程内容	授课教师	授课时间	年级	课程内容	授课教师	授课时间
七年级	让健康常驻	王明慧	第二周	八年级	海洋资源与环境保护	张晴	第二周
	消弭灾害	闫旭	第四周		光与环境保护	朱丽	4月3日
	远离侵害	翟婷婷	第六周		噪声与环境保护	郑金鹏	4月17日
	食品安全	葛欣鑫	第八周		固体污染与环境保护	陈敏	5月8日
	远离毒品	王聪	第九周		垃圾分类	胡楠	5月22日
					普法教育	连海燕	6月5日

（5）结合政教干事的检查结果和政教主任的听课记录，对授课效果好的班主任予以指数奖励，每次0.5个指数。

（四）为厚植爱国主义情怀、弘扬抗疫精神、重振师道尊严、强化纪律管理、树立规则意识、养成集体主义精神、传播中华传统文化等，继续发挥"绿色教育"体系中文化养人和评价成人的作用，促进学生的全面发展。

1. 为培养学生的规则意识、纪律意识、集体主义精神、法治精神、自理能力、现代公民意识，本学期在校园内各个楼层大厅醒目位置，利用展板张贴师道尊严的相关提示性标语、防疫小贴士、垃圾分类、食品安全、禁毒宣传、宪法宣传等素材，在各班级张贴社会主义核心价值观、中学生守则，在思想意识上对学生进行引导。与此同时，严格要求上课、课间、大课间、午餐、小操场等学生集体活动的秩序，能够做到令行禁止。

2. 为在广大师生中大力弘扬抗疫精神，宣传党和国家最新成就，激发民族自豪感，培养学生的互帮互助精神、勇于创新精神，在各楼层校园宣传系统定期播放防疫知识、防疫英雄事迹、劳动模范事迹等。配合党中央自上而下的宣传引领，及时、准确地落实国家层面的德育教育。

校园各楼层宣传系统定期播放主题

时间	主题
3月	防疫知识宣传
4月	在2020年的春天里成长
5月	劳动最光荣（禁毒宣传月）
6月	再见、再见（初三学子三年历程展）

3. 填满绿色

为使每一个学生都有享受成功的机会，让学生在激励表扬中长大，在不断成功的土壤上建立自信，发现自己的奋斗目标，养成热爱劳动、自主自立、意志坚强的生活态度，形成尊重他人、乐于助人、善于合作、勇于创新等良好品质，本学期填满绿色活动时间仍然为：初一初二周五第九节16:15开始；初三由年部统一安排时间，填满绿色公示板填涂的周数必须要保证与活动开展的次数相符，各班主任要按规定时间及时开展。每周的填满绿色活动要认真做好每名学生、每个小组一周表现的总结评价，并按照评选方案，评选出每一周的绿色少年和优秀小组，以考核促优秀，充分发挥"填满绿色"评价对学生的激励作用。每周抽查各班级《绿色足迹》评价手册填写情况，进行反馈并列入班级考核。

4. 班级评比

为了培养学生良好的学习习惯，营造班级优美的学习环境，激发学生的集体主义精神，培养劳动精神，养成互帮互助的习惯，培育奋斗精神，落实美育熏陶等，本学期继续对各班级在"遵规守纪""健康环保""班级文化"三方面进行考核评比，每周根据考核结果，每个年部评选出"五星级班集体""四星级班集体""三星级班集体"，在升旗仪式上颁发流动红旗。每月根据考核结果，评选出"五星级班集体""四星级班集体""三星级班集体"，颁发奖状予以表彰。凡是在班级评比中获得以上荣誉的班级，所在班级的班主任获得奖励指数如下：

所获荣誉	五星级班集体	四星级班集体	三星级班集体
奖励指数	0.5	0.2	0.1

5. 评优表彰

为引导学生正确理解并践行社会主义核心价值观，凸显德智体美劳等方面表现突出的同学，本学期将每月进行一次绿色少年评选，每班评选出勤学善思少年5名，文明诚信少年5名，健体尚美少年5名，自立自强少年5名。本学期召开两次大型表彰会。第一次为期中表彰会，将在5月中下旬召开，对优秀学生和班集体予以表彰。第二次表彰会为期末结业式，评选表彰"优秀学习之星""星级绿色少年""星级绿色集体"，评选依据为填满绿色和班级评比的考评结果。期末表彰将加大"星级绿色少年"的表奖力度：五星级绿色少年每班1人，四星级绿色少年每班2人，三星级绿色少年每班3人。被认定为"星级绿色少年"的学生，将颁发《大连市第十四中学星级绿色少年资格证书》，最大程度地发挥星级绿色少年在学生中的激励作用，树立榜样。"星级绿色集体"评选为：每个年部"五星级集体"1个班，"四星级集体"1个班，"三星级集体"1个班（初三2个班）。通过星级评比引导学生不断践行社会主义核心价值观，传递正能量。

（五）将德育始终渗透到学校活动中。

为厚植爱国主义情怀、激发理想信念、培育广大少年的奋斗精神、远离伤害，我校充分挖掘重大纪念日、重大历史事件蕴含的德育教育资源，充分运用"七一"党的生日、"八一"建军节等时间节点，组织学生参与各种纪念活动，唱响共产党好、人民军队好的主旋律，引导学生牢记历史、不忘过去，缅怀先烈、面向未来，激发爱国热情，凝聚奋进力量。落实国家开展的"我们的节日"主题活动，利用清明、端午等重要传统节日，开展丰富多彩、积极健康、富有价值内涵的文化活动，引导学生感悟中华文化、增进家国情怀。结合抗击疫情宣传、"向雷锋同志学习"、"五一"国际劳动节、"五四"青年节及"全国中小学生宣传教育日""世界卫生日""国际护士节""国际禁毒日"等，开展各具特色的活动，激发学生的爱国主义和集体主义精神。

1. 落实对学生开展时事教育、社会责任、敬畏生命、卫生健康、危机应对、心理健康等思想教育及宣传，加强学生关爱及心理指导工作，帮助学生消除对疫情的焦虑、恐慌情绪。

2. 围绕抗击疫情、脱贫攻坚年有效开展常规德育活动及主题教育：班班有歌声、升旗仪式、话题班务、填满绿色、成长之窗、校本必修课，充分利用校园电视台、《青禾报》、校宣系统、宣传栏等途径，展开对学生的理想信念教育、集体主义教育、社会主义核心价值观教育、劳动卫生教育及奋斗精神教育等。

（1）班班有歌声

为了进行美育熏陶，振奋学生精神，坚定理想信念，培育和践行社会主义核心价值观，本学期继续开展班班有歌声活动，时间仍为12：50~13:00，由音乐教师轮流统一组织。开学初制订《班班有歌声活动计划》，学唱弘扬社会主义新风尚的爱国励志歌曲。政教处继续跟踪检查各班级班班有歌声活动的开展情况，并进行总结反馈。

（2）升旗仪式

为了以鲜明正确的价值导向引导学生，以积极向上的力量激励学生，促进学生形成良好的思想品德和行为习惯，学校利用升旗仪式、入团仪式等重要仪式对学生进行爱国主义教育、社会主义教育、中华传统文化教育、集体主义教育、规则教育、公民意识教育、生态文明教育、法治教育、道德教育等。

本学期升旗手由各班级上一学期五星级绿色少年担任，本学期首次升旗的班级为2年6班。负责升旗的班级要准备50~100字的旗手介绍，宣传五星级绿色少年事迹，传递正能量。以与抗击疫情、"五四"、劳动节、清明节、端午节等相关的时事主题、中华传统文化、弘扬社会主义核心价值观等作为国旗下讲话的主题，面向全校师生宣讲，字数在1000字左右。

周 次	国旗下讲话的主题
第一周	谢谢你，每一个平凡的中国人 （爱国主义、时代精神、民族精神、抗疫精神）
第三周	谁是最可爱的人 （雷锋精神、家国情怀、奋斗精神、时代精神）
第五周	关注安全 珍爱生命 （世界卫生日、时代精神、抗疫英雄）
第七周	梨花风起，祭忠魂 （民族精神、家国情怀、传统文化）
第九周	安邦定国 人人有责 人人可为 （国家安全日、爱国主义、时代精神）
第十一周	弘扬劳动精神 激发梦想力量 （劳动教育、奋斗精神、爱国主义、时代精神）
第十三周	接续奋斗，凯歌前行 （"五四"精神、理想信念、奋斗精神、劳动精神）
第十五周	岂曰无衣，与子同袍 （护士节、时代精神、家国情怀、禁毒教育、奋斗精神、奉献精神）
第十七周	没有共产党就没有新中国 （爱国主义精神、奋斗精神、红色基因传承、创新精神）

（3）成长之窗

为更好地对学生进行美育熏陶，提升学生的劳动能力，调整学生因疫情导致的不良心理变化，引导学生积极阳光、自主坚强地学习生活，本学期继续开展成长之窗活动，内容如下：

月份	内容主题	截止时间
3	乐观的心 向阳而生（心理健康）	3月8日
4	拥抱春天，行走在祖国的大地上	4月4日
5	青春像花儿一样（班级风采展）	5月3日
6	致你们、致自己，加油初三	6月6日

（4）法治教育常态化

为强化学生的规则意识、纪律意识、法治精神、民主精神与公民意识，本学期将继续加强校园安全、防范校园欺凌、社会时事新闻热点的教育，增强遵守法律与公共道德意识。利用校园电视台、《青禾报》，刊登有关青少年的法治新闻，用实际案例引导学生远离校园欺凌。利用班主任例会，开展对班主任的教育法规知识培训。

（5）心理健康教育常态化

为促进学生的健康阳光成长，通过政治课、心理健康专题讲座等渠道开展学生心理健康教育。充分利用学校具备心理咨询师资格证的教师资源，对学生的心理健康问题做好疏导。与街道社区合作，为心理健康出现问题的学生提供专业的心理辅导。

3. 开展丰富多彩的校园文体活动

（1）大力开展爱国主义教育、理想信念教育、社会主义核心价值观教育、中华优秀传统文化教育、革命理想教育、卫生健康教育，加强思政教育、心理健康教育、劳动教育，增强美育熏陶、践行生态文明教育。大力弘扬民族精神和时代精神，强化祖国统一和民族团结进步教育，厚植爱国情怀，培育国际视野，加强品德修养，培养敬畏生命意识，培养卫生健康和谐的生活与学习习惯，营造"四自"学生团队文化，丰富学生课余文化生活。为了培养学生多方面的兴趣、爱好和特长，激发学生的进取意识，为学生提供才艺展示的平台，本学期校园文化活动如下：

活动时间	活动内容	参加对象
3月份	开学第一课（疫情防控知识教育）	全员
	"学习雷锋"活动周（争做新时代雷锋好少年）	全员
	卫生环保月系列活动（评比卫生达人、模范班级）	全员
4月份	缅怀先烈，传承文化书画展	初一、初二
	我对英雄有话说演讲比赛	初一、初二
5月份	初一跳绳比赛	初一
	初二跳远比赛	初二
	母亲节活动	全员
	劳动最光荣系列活动（辩论赛、劳动模范推介）	初一、初二
6月份	校长杯足球赛	初一、初二
	父亲节活动	全员
	我们的节日（端午节文化活动）	全员
	初三出征仪式	全员
7月份	红色记忆（观看红色电影）	初一、初二

（2）为更加深入地开展爱国主义教育，强化理想信念教育，践行社会主义核心价值观，传承革命理想，学校继续推进党建项目《传承"红色基因"，实施有效德育，完善课程育人体系》课题化研究和实施，通过实施德育举措，根植"红色种子"，传承"红色基因"，薪火相传。

十四中学2019—2020第二学期红色基因课程计划

课程	主题	形式及内容	次数	时间	责任部门
显性课程	让党旗飘扬在抗疫线上	观看抗疫英雄纪录片	1		政教处
	传承红色基因践行医者仁心	请奔赴武汉雷神山抗击疫情的英雄开展讲座	1		政教处
	传承"五四"精神，争做时代新人	《百年"五四"再出发》团员演讲比赛	1		政教处
	三代党员忆初心，红色基因代代传	《三代党员共讲一堂课》老中青三代党员代表讲述自己的入党初心和践行历程	1	期中表奖会后	政教处
	传承红色基因，十年后的我们	《传承红色基因，十年后的我们》主题班会	1		政教处
	铭记英雄，传承信仰	利用校园电视台播放抗击疫情的英雄事迹	9		政教处

续表

课程	主题	形式及内容	次数	时间	责任部门
隐性课程	阵地建设传承红色基因	建设红色基因长廊	1个		党支部
	阵地建设童心向党	建设党建长廊	1个		党支部

4. 实践活动

为培养学生的集体主义精神、奋斗精神、创新精神，认真做好学工基地的综合实践活动，鼓励学生利用假期积极参与青年志愿者服务活动、社会实践活动，拓宽学生社会实践的领域，让学生在实践中学习，在实践中提升。

5. 积极开展创建文明校园活动，把培育和践行社会主义核心价值观贯穿于创建活动全过程，促进学生公民道德意识，提高教师的思想素质和执教水平。学校将围绕"文明校园"创建主题，充分利用校园广播、校宣系统、国旗下讲话等宣传阵地，开展形式多样的宣传教育活动，营造舆论氛围，让文明校园活动深入人心。

（六）利用多种渠道与家长进行有效沟通，助力学生健康成长。

1. 本学期继续维护利用好家长群，要求每班级推荐两名代表，组建新的家长委员会。选出的代表能够做到识大体、明职责，面对复杂的社会环境和舆论氛围始终与学校站在一线。

2. 充分发挥好家长委员会的纽带作用，促进家校关系和谐发展。探索有家长参与的民主管理策略，重大事宜邀请家长委员会代表参加决策。

3. 促进家校协作。利用好群、信、会、册、访（微信群、一封信、家长会、成长手册、家访）五种家校联系的方式与家长进行有效沟通，促成家长和学校对学生的合作教育，营造和谐健康的家校关系。

4. 利用家长会对家长进行正确育人观引领，传播我校教育理念。展开"学校开放日"活动，主动宣传我校各项工作，听取家长的意见反馈，积极调整。

（七）扎实做好安、体、卫、艺工作，营造平安和谐校园，促进学生全面成长。

1. 安全工作

进一步强化校园安全风险管控，提升校园安全防控能力，从今年秋季开学实行每日安全承诺公告制,每日上报区教育局安体卫处。严格落实制度、教育、预警、防范、排查"五位一体"的学校安全工作体系,落实安全工作责任制。

(1)加强学生放学的组织管理,放学后由班主任统一带到学校大门口组织站队,有序离校。同时,安排好相关负责人,进行组织管理及问题反馈。另外,班主任要跟家长进行沟通,及时反馈孩子到家情况。

(2)根据实际情况定期开展学生安全教育活动,采取多种形式加大各种安全教育的宣传力度,牢牢绷紧安全无小事这根弦。做好学生乘车的安全教育和管理工作,建立健全学生乘车台账,不定时抽查学生乘车及驾管员服务管理情况,发现问题能及时纠正,并及时上报。及时印发法定节假日《致家长一封信》,结合节假日特点开展有针对性的假期安全教育,采用广播教育的同时,同步播放课件及视频,提升安全教育的实效性。建立学生安全联络小组,确保联络畅通。继续坚持每月一次的逃生演练,提高安全防范意识和自救能力,熟练掌握逃生技能和逃生路线,确保演练的成功和全校师生有序脱险。课间值岗及时到位,最大程度防止踩踏等各类安全事故的发生。

(3)继续坚持每日班级安全隐患排查,由各班级班主任亲自检查,执行安全隐患排查零上报,如发现问题及时上报,严格履行安全隐患、维修上报制度。

(4)认真贯彻落实上级主管部门关于创建食品安全示范城市的相关要求,有效利用地方课程、安全教育、宣传载体,传授学生食品安全常识知识,增强食品安全防范意识。

2. 体育工作

为培养学生的奋斗精神、合作创新精神,培养卫生健康和谐的生活与学习习惯,为社会提供优质的健康人才,我校体育工作将从如下方面努力:

(1)教育教学:体育教师要不断提升业务能力,积极探索与时俱进,全面提高学生身体素质,激发学生课上运动热情。加强大课间、体育课和课外训练的组织和管理,提高责任意识,切记提前做好体育活动安全防范措施，确保学生安全，尽量避免伤害事故的发生。科学制订学习训练计划，努力提高运动能力，为体育考试打好基础，做足准备。按照体育工作三级管理评估标准，根据材料分工，整理好本学期的档案材料，每项活动结束后按照要求及时整理存档，做好区体卫检查迎检工作，根据材料整理情况给予指数奖励。

（2）校园足球：加强组织管理，明确分工，健全制度，制订科学的学期工作计划，定期开展足球教学和训练活动，加强校级联动，不断提升足球训练和执教水平。继续开展以校园足球赛事为平台的系列活动，如校园足球摄影、绘画、征文、最佳球员评选等，增强校园足球文化氛围。利用校园网、校园电视台、学校微信公众平台等宣传渠道，对我校校园足球工作进行广泛宣传，提升社会关注度。有计划地开展足球训练，积极参加各级各类足球赛事和交流活动，力争优异成绩。按照校园足球工作评估标准和上学期分工，整理好本学期的档案材料，学校每月检查一次，根据材料整理情况给予指数奖励。

（3）根据上级部门要求，按时规范地完成学生体质健康的测试、记录、上传工作，确保测试数据客观、准确，上报及时。体育组制订安全可行的测试计划，提前一周上报政教处，根据测试时间提前一周与年部主任协调好测试时间以及测试人员的安排，确保测试工作顺利完成。

3. 卫生工作

继续做好学生传染病的防控工作。做好晨检记录，定期对教学楼进行消毒，如有传染病感染病例，按照疾控中心的防控要求和操作流程逐项落实。政教处继续把班级内务和学生个人卫生以及教室定时通风情况作为每日必检的常规工作，并列入班级考核，加强传染病防治的宣传教育和管理。

4. 艺术工作

音、美课堂加强教学实效性，培养学生正确的审美观，提升学生的艺术修养。积极组织、开展校内、外艺术活动，积极为学生创造展示艺术才华的平台。继续开展精品艺术社团创建工作，在严格保证纪律的前提下，加强艺术社团梯队建设和常规训练，科学制订训练计划，短时高效提高训练质量，力争在各级各类艺术比赛中取得佳绩。加强对学生的管理，对乐器要妥善保管。按照艺术工作三级管理评估标准和上学期分工，整理好本学期的档案材料，学校将在5月中旬抽查一次，根据材料整理情况给予指数奖励。

结束语： 祝愿各位在新学期勇猛精进，事事顺利！祝愿我们脚下的土地春晖日暖，万象更新！

大连市第十四中学
2020年2月16日

附件：《大连市第十四中学学生一日行为习惯养成三字箴言》

十四中学学生一日行为习惯养成规范

总纲

明做人，十四子，懂感恩，知礼仪，敬师长，守孝悌；（做人感恩）

讲文明，严守纪，讲诚信，言行一，勇担责，不言弃；（文明守信）

护集体，爱国家，尊同学，重身发，讲合作，善利他；（博爱互助）

心有志，学自主，重博学，广阅读，思活泼，神专注；（学习养成）

生活事，重规矩，凡活动，乐参与，身体健，心灵愉。（习惯健康）

一日习惯篇

早出门，勿漏遗。衣冠正，备品齐。过马路，须警惕。乘车时，勿喧嚷。见老弱，要礼让。见师长，有礼节。形表端，言语洁。

进校门，务抓紧。比记忆，比专心。一日计，在于晨。进楼门，右侧行。学习地，请安静。走廊内，勿跑行。上下楼，莫扬声。

早清扫，迎朝阳。比效率，求质量。内外净，心安详。交作业，定地点。类勿缺，交勿晚。有问题，及时说。勿隐瞒，免师责。

进教室，理书本。头脑清，心下稳。两分钟，短平准。晨习时，要投入。目标明，务专注。人往来，不斜视。深思考，强记忆。

升旗日，间操时。勿拖沓，快静齐。散漫气，妨集体。国歌起，敬肃立。站如松，视国旗。听讲话，是学习。比照人，正自己。

第七章 习惯立人——找准实施有效德育的切入点

做操时，要用力。动作到，强身体。队列间，集合时。讲速度，比整齐。一人惰，累班级。人人好，班如一。班风正，谁匹敌？

课堂上，务专注。目随师，不旁骛。善听讲，善记录。健康在，三一护。勤发言，勤论辩。会质疑，会深入。习惯成，学问笃。

课间时，可说笑。有节制，勿草草。言不骄，语不躁。讲文雅，不打闹。活泼在，野蛮少。劳逸合，效率高。下节课，准备好。

打饭时，站有序。吃多少，心有数。惜五谷，惜菜蔬。哺啜易，农耕苦。睡午觉，勿迟到。心神静，勿互扰。一梦酣，精神好。

觉后歌，振疲软。声洪亮，气完满。好班风，此时现。眼保健，最重要。穴拿准，力用到。好习惯，勿失掉。近视眼，我不要。

自习课，先自检。细思量，不自满。寻不足，自诊断。诊断后，定目标。讲学法，求实效。融会精，欠债少。自个事，自做好。

放学前，定计划。回家后，勿拖沓。目标明，作用大。勤思量，慎下笔。遇疑难，多研思。纵而横，宽而细。耻抄袭，贵独立。

双休日，勿抛却。逸易荒，劳有得。青春贵，勿蹉跎。学而先，闲而后。勿放纵，勿学究。家务事，勤动手。娱乐场，不逗留。

做人读书篇

重情义，知感恩。守孝悌，明人伦。勿恶语，免伤人。勿莽撞，虑周全。贵自省，免过愆。我欢心，人无怨。朋友多，事无难。

讲诚信，懂责任。知荣辱，明退进。重慎独，能乐群。言成理，持有故。爱集体，明所处。爱同学，讲和睦。爱自我，品行树。

汉字符，民族根。写好字，中国人。读好书，当大任。读小说，赏诗文。横求广，纵求深。善品悟，能正心。审美力，从此寻。

读书时，善留意。好句段，生花笔。披文心，寻行迹。思日深，灵感来。莫随波，个性在。莫抄袭，莫自殆。性情真，好文采。

强身体，有次第。身不懒，心积极。练长跑，练臂力。中考时，不费力。说起居，道饮食。有规律，不挑剔。少年强，老得益。

有理想，志高远。鸾凤雏，金不换。远庸俗，亲圣贤。形表正，品格端。学有成，业不凡。荣家国，耀祖先。终无愧，天地间。

159

第二节　丰富多彩的德育实践活动

绿色教育的有效德育，注重寓教育于活动之中，重激励、重唤醒，通过仪式教育、礼仪教育、大阅读活动、经典诵读活动、庆典教育、节日活动等，于无声处沐心灵。

一、让学生在文化滋养中长大

（一）仪式育人

我们注重学校礼仪的养成性教育。学校礼仪，是指学校按照一定传统习俗创立并在长期学校生活中要求员工共同遵守的礼节和举行的固定性文化仪式，是集中的、形象化的文化实践活动。一所学校，必须形成固定的礼仪形式。比如：值日师生的校门迎候，互致问候的仪式，每周星期一的升旗仪式，每届运动会隆重的开幕式，每年的颁奖仪式，新年慰问师生，教师节、春节慰问教师，"六一"儿童节的爱生活动，等等，都是富有文化氛围的学校礼仪。穿校服、戴校徽、升校旗、唱校歌，都能激发和强化师生员工的文化意识，使大家受到浓烈的感情熏陶，产生归属感和自我约束力。全校师生员工都必须遵循学校礼节的要求。实质上，校园礼仪是在学校目标、价值观念和精神作风的指导下，沿袭而形成的学校文化传统形式，是礼节、仪式化的价值观念。

（二）常规育人

为了让学生养成良好的习惯，最终将好习惯内化为优良的品格，十四中学从学生的坐、立、行、走，如何清扫、如何做课前准备、如何听课、如何做笔记等细节入手，强化训练。比如如何清扫，班主任老师要亲自示范：把拖布洗干净、拧干，再拖地。示范后，由学生清扫，教师在旁边指导，直到学生会干为止。对于初中的新生，这样的训练要持续一个月。

就这样，教师们从学生每天的小事着手，抓好小事，定项定量，以小见大。他们知道这些学生身边的小事，实际涉及学生品行、情感的方方面面，一旦养成良好的习惯，终将会转化为学生的良好品格，还会形成学生正确的价值观，使学生终身受益。

教育的理想境界莫过于使受教育者学会自我教育。学校在42个教学班实行班干部和科代表轮流制，每周由两名学生担任"班主任助理"，一名负责学习和纪律，一名负责生活和卫生。学生在这种既有点"压力"又有点"激励"的过程中，实现着自我教育，开始逐步由无意识到有意识、由不自觉到自觉地遵守学校的各项规章制度。

为了克服以往教育中大而空的高耗低效，十四中学提出"抓好小事育人"，采取"大处着眼，小处着手"的育人策略，把"从小事做起，从一点一滴做起，切切实实地把一切小事都和培养教育学生联系起来"作为育人的出发点。

《学生一日常规七件事》是把学生的一日分解成具体的七件事来进行规范，借此来培养学生的品行。

第一件是进校门前整装，提醒自己新的一天开始了，我该好好做。

第二件是到校后用两分钟时间，按当天的课程表将课本摞在书桌的左前侧，明确一天的学习任务。

第三件是每人备一本伟人传记，每天看一段伟人的故事，做好读书笔记。

第四件是检查一次"手拉手"学习伙伴的学习情况。

第五件是维持好自己分担区内的卫生。

第六件是午后上课前10分钟按照学校的不同安排，或集体唱校歌，或听"校园之声"广播，或讲故事。

第七件是每天放学前写一篇生活日记或一段感想，从而结束一天，为明天留下一条延长的彩线。

这七件事，天天做，周周小结，月月评比，督促学生养成习惯。

学校借助教学楼的墙壁设置了展示学生自我的"成长之窗"展板。这里的作品展示不仅仅是学生一个成长的脚印，更意味着对他们成长的肯定与鼓励，这是一种"无声胜有声"的教育。

（三）"三字箴言"育人

中华民族传统文化是具有无限价值的瑰宝，为实现"让文学滋养学生成长"的目标和弘扬中华民族传统文化，我们大力开展经典诵读活动，诵读《弟子规》《诗词格律》《三字经》等。在诵读过程中，我们发现《弟子规》是一本非常好的养成教育教材。因为《弟子规》是一本启蒙养正，教育子弟敦伦尽分、防邪存诚，养成忠孝家风的读物，讲述为人子弟在家、出外、待人接物、求学应有的礼仪与规范，特别讲求家庭教育与生活教育，是现代中小学生急需接受的教育。《弟子规》的故事生动感人，富有哲理，也有很深的现实教育意义，我们开展《弟子规》宣讲和践行活动，取得了很好的教育效果。但毕竟《弟子规》中有一些封建糟粕的思想，于是我们取其精华，用现代文，模仿《弟子规》的文字形式，提炼出了《十四中学学生一日行为习惯养成规范三字箴言》，作为我校学生的行为准则，也是我校养成教育的主要内容。在提炼过程中，我们把社会主义的荣辱观也融入其中。

请看下面一段：

十四中学学生一日行为习惯养成规范（总纲）

明做人，十四子，懂感恩，知礼仪，敬师长，守孝悌；（做人感恩）

讲文明，严守纪，讲诚信，言行一，勇担责，不言弃；（文明守信）

护集体，爱国家，尊同学，重身发，讲合作，善利他；（博爱互助）

心有志，学自主，重博学，广阅读，思活泼，神专注；（学习养成）

生活事，重规矩，凡活动，乐参与，身体健，心灵愉。（习惯健康）

以热爱祖国为荣，以危害祖国为耻。（护集体，爱国家）

以服务人民为荣，以背离人民为耻。（明做人，十四子，懂感恩，知礼仪，敬师长，守孝悌）

以崇尚科学为荣，以愚昧无知为耻。（心有志，学自主，重博学，广阅读，思活泼，神专注）

以辛勤劳动为荣，以好逸恶劳为耻。（生活事，重规矩，凡活动，乐参与）

以团结互助为荣，以损人利己为耻。（尊同学，重身发，讲合作，善

利他）

以诚实守信为荣，以见利忘义为耻。（讲诚信，言行一）

以遵纪守法为荣，以违法乱纪为耻。（讲文明，严守纪）

以艰苦奋斗为荣，以骄奢淫逸为耻。（尚俭约，勿骄奢，讲奋斗，淫逸恶）

（四）阅读育人

一个人的阅读史就是他的精神发育史，阅读的习惯有利于人的终身发展，而空白的精神世界难以建造恢宏的人生大厦。基于以上的认识，我们开展了《语文大阅读实验研究》。

按照开放性、多样性、主体性、实用性、效益性原则，我们将研究的总目标确定为：激发维持学生的阅读兴趣，最大程度地开拓学生的知识和文化视野，切实提高学生的语文水平，提高学生的人文素养和科学文化素养，进而培养学生的思想道德素质、文化素质、创新精神和终身学习能力。

为了实现上述目标，我们制订了具体方案和相应的考核措施，如《大连市第十四中学"语文大阅读"活动方案》《语文大阅读常规》《语文教学模式》《十四中学"语文大阅读"报告》《读书书目记录》《背书工程及读书工程的落实及考核要求》等。同时，将"语文大阅读"划作四大板块：第一板块为课本阅读教学，按国家级标准开设；第二板块为课外阅读，由学生自主阅读或开展各项应用活动；第三板块为写作板块；第四板块为古诗词鉴赏板块。同时我们开展诗词竞赛、演讲比赛、读书知识竞赛活动，每学期进行一次全校型的大阅读活动汇报展示。扎实的实验研究，陶冶了情操，健全了人格，弘扬了个性，激活了创新精神。我们欣喜地看到，学生的阅读根基有多厚，语文的素养就有多高，思想的水准就有多高。读书，改变了学生的精神、气质和品行。除了潜移默化地给予学生思想上的影响外，也大大提高了学生的语文成绩，可谓一石多鸟。

（五）社团育人

学校各种社团活动也开展得有声有色，有青禾文学社、嘉禾诗社、合唱团、舞蹈团、管弦乐团、足球队、篮球队、轮滑队、田径队等，这些社团常年活动在学生中间,各种社团在各级各类比赛中纷纷获奖,为学生的个性成长提供了空间和舞台。

以学生社团为依托,学校精心组织各种艺术活动、校本课程展示活动、读书汇报会、卡拉OK大赛、校园集体舞大赛、诗词大会等,丰富多彩。每周一首新歌的全校性歌咏活动强烈地吸引了各个年级的学生;在校园集体舞的活动中,学生感受着艺术之美,领悟着主题歌词里的深刻意义,同时也在优美的旋律中锻炼舒展了身体,陶冶了情操,增强了参与、合作的意识,还渐渐学会了欣赏自我、欣赏他人,在欣赏中茁壮成长。在艺术氛围中产生出的这种健康心态更滋养出学生高尚的心理品质。

(六)庆典育人

因为教育的真谛在于激励、鼓舞和唤醒,所以我校大力设计、组织和开展各种活动,努力搭建"重激励、重鼓舞、重唤醒、重感染"的活动平台。以"养成性教育"为主线,以各种活动为载体,精心设计,严密组织,激发和巩固学生潜在的、积极的、健康的情感,使之最终内化为稳定的心理品质。学校抓住开学典礼、毕业典礼、各类艺术节、教师节、国庆节、新年等活动,设计匠心独运的文化活动,把爱国主义、集体主义教育和民族精神的培育融入其中。

学校走过的艰辛路程,是一段刻骨铭心的岁月。利用校庆活动,回顾、重现取得辉煌的过程中所做的跋涉,对师生来说,是最好的心灵上的洗礼和鞭策。校庆五十周年和六十周年的大型庆典,至今让所有到会的领导、来宾和全校师生难忘。气势恢宏的专题片和诗朗诵,再现了我校五十年、六十年的峥嵘巨变。五十周年校庆文艺演出,开场舞"红旗颂",渲染着十四中师生奋进中的赤诚和火热情怀;蓝色的海洋"搏击",预示着十四中人像勇敢的海燕,在广阔的大海上,呼唤和迎接暴风雨的到来;结束曲"举杯吧,朋友",表达了十四中人祝福着我校在今后走得更远,更辉煌。六十周年的校庆庆典,主题是《岁月,在这里丰饶》,让人感慨,催人奋进。

年年都有的毕业典礼,是学校极其看重的一次对学生进行感恩教育的极好契机,我们称它为最后一节德育课。每年我们都下大功夫精心设计,为的是让孩子们永远记住人生转换的这一天，牢记师长、母校的培养。就这样，一次次富有情境的活动，震撼着学生们的心灵，激励、呼唤他们踏实行进，做一个最好的自己。

多年来，由于学校德育工作的有效开展，促进了学校教学工作、艺术教育工作的开展，促进了学校的特色发展，我校已发展成为市区先进校，赢得了广泛的社会赞誉，并正朝着优质学校、特色学校的方向发展。

二、德育实践活动的成效

（一）教师方面

1. 教育观念变化

原来许多教师只注重对学生道德知识的灌输和行为的机械训练，而忽视学生的情感体验，自从全员参与德育课题研究以来，教师们普遍认识到故事教育、活动教育、评价激励教育、读书教育等大德育观方式的巨大作用。学生在学校里找到了无穷的乐趣，感到老师们的重视，工作自然就好做了。教育教学工作出现转机，教师尝到了改变学生后喜悦的滋味，教育观念随之改变。

2. 教育能力提高

教师在参与德育活动实践教育的同时，如想要转变学生，必须坚信自己能够做到真正有爱心、耐心、细心，以赏识眼光看学生，并且要具有长期的认识，在反反复复的教育工作中，教育能力就会不断提高。

3. 教育手段丰富

学生的高尚品德和行为、学习习惯养成不是一朝一夕就能完成的，要有打持久战的意识。走近学生，走进学生心灵，必须要有耐心，要对不同的学生采用不同的方法，对处于不同阶段的学生采取不同的手段，这样无形中就丰富了教师的教育手段。

4. 教育行为转变

几年的研究实践，使教师由只教书不育人转变为既教书又育人；教师由做不进、做不实育人工作到能做进去、能做实育人工作；教师的德育工作由简单粗暴型转变为耐心细致型，并逐步走向教师专业化，向专家型教师靠近。

5．教育水平提高

教师的课堂教学由满堂灌的讲授型向师生双边活动型转变，教师备课细致，授课讲究方法。尤其在学科教学中普遍采用"表扬激励评价机制"调动学生的学习积极性，在此教学过程中，教师的教育教学水平得到了大幅提高。

（二）学生方面

1．学生良好的学习和行为习惯已经形成，品德素养逐步提高

经过几年来的不懈努力和艰苦付出，目前我校学生的教育养成已初步成形，学生的道德和审美素养不断提高，学生们无论是课上，还是课下，无论在校内，还是在校外，无论是行为，还是思想，都较以前有了明显改观，基本实现了我校"人文、民主、和谐、活力、可持续"的绿色教育理念，使学生的知识、能力、人格和谐发展。

2．学生的学习成绩明显提高

学生良好的习惯养成和品格形成带来了良好的学习成绩。多年来，我校在中考中，40%以上的学生成绩达到或超过重点高中最低录取线，全科平均分和全科及格率均保持在同类学校前茅，连续七年荣获甘井子区"最佳教学管理"和"最佳教学成绩"奖。

（三）学校方面

几年来，我校以绿色教育为特色的德育实践，有效地促进了学校的各项教育教学工作，促进了学生良好的学习习惯的形成，学生愿学、会学，教学成绩大面积丰收，教育成果不断呈现在世人面前。到目前为止，学校荣获的各级各类荣誉达140余项。承办国家、省、市、区各级各类现场会10余次。先进的办学理念和良好的办学成绩，树立了良好的社会形象，赢得了极高的社会声誉。作为大连市九年一贯制学校，我校已成为大连市对外交流的窗口学校，前来参观学习的省内外教育同行络绎不绝。

（四）成果特色与创新

创新成就特色，特色源于创新。经过几年的德育活动研究与实践，我

校已形成了一系列的德育特色：

1. 学校构建了文化养人、习惯立人、课程育人、评价成人的德育工作路径，形成了小步伐、小角度、小细节、小尺度，大处着眼、小处着手的"底线教育"特色。以学校教育为主，拓宽德育渠道：坚持学科教学与实践活动相结合，以主题教育为重点，挖掘德育内容；坚持班主任与科任教师参与相结合，以班主任为主体，扩大德育队伍；坚持民族精神教育与公民道德养成性教育为主，扩展德育形式；坚持说服教育与自我反思相结合，以自我领悟、反思教育为主，拓展德育方法。

2. 建立了网络化、立体化的重激励、重鼓舞、重唤醒、重感染的"怡情励志"德育活动平台。学校以"养成性教育"为主线，以各种活动为载体，精心设计，严密组织，播种希望，点燃火种，激发和巩固学生潜在的、积极的、健康的情感，使之最终内化为稳定的心理品质，使学生在激励中成长、在自我欣赏中发展。变学生被动接受为主动意识，贯彻成功教育、赏识教育，强化榜样的力量，使德育落实做有抓手。

3. 形成了大语文、大阅读、大思维、大视野的"德智兼容"的德育实践新天地。读书，可以改变人的精神、气质和品德；读书，可以改变孤独、麻木、灰色的人生；读书，可以提升人的智慧，实现自我生命的升华。通过语文大阅读活动的开展，加强学生的文化背景积淀，突出语文教育的人文熏陶，陶冶情操，健全人格，弘扬个性，激活创新精神，使学生"拜先哲，明事理，陶气质"，有效地促进了学校德育工作的纵深发展。

4. 建立了长效的看长处、看全面、看发展、看未来的"多维立体"的评价激励机制。倡导"每个人都是管理者，每个人都在管理之中"，呵护自尊心，培育自信心，坚决杜绝挫伤学生自信心、自尊心的体罚和侮辱学生的行为。让学生生命和阳光同行，生命和幸福同行，生命和使命同行。

5. 建设了大创意、大视觉、大画面、大气魄的"天人合一"的校园环境，以达到"环境育人"、营造"隐形课堂"的目的。

6. 德育实践的新增长点——"绿色德育"，即还教育本质，还教育原生态的美。人文、民主、和谐、活力、可持续的绿色教育思想是一种最先进的现代教育观，其核心指向致力于个体的终身可持续发展。它通过富有人性化的绿色健康的教育管理理念，使教育教学双方形成终身可持续发展的潜力与品质，同时实现学校的未来可持续发展。这更是我校德育研究和实践活动的又一个里程碑。

附件：

十四中学"实施有效德育，创建特色学校"实施方案
2011.9—2014.9

一、指导思想

以我校《绿色教育特色学校建设专项规划》为依据，以"人文、民主、和谐、活力、可持续"的办学理念为指导，进行有效德育的研究和实践。

二、有效德育目标

整体目标：培养有活力的学生，培养学生责任感、自主意识、创新精神和实践能力。

分年段目标：初一年级通过强化学生习惯养成，逐渐达到学生自主管理，培养自主意识；初二年段继续以底线育人为根本，使大多数学生具有较强的自主意识，同时通过诚信教育等途径培养学生对自己、对他人、对集体强烈的责任感；初三年级立足于理想教育和社会责任感教育，培养他们的目标意识和社会责任意识，使学生向着追求真知、富有创新精神和基本实践能力的综合型人才方向发展。

三、实施途径

（一）加强科研研究，打造有效德育队伍

建立以"实施有效德育，创建特色学校"为主题的科研课题，成立德育科研小组，组织全体教师通过学习理论—实践探索—反思研究—二次学习—深入实践—提炼总结等过程，采取培训、沙龙、漫谈、观摩等形式开展科研工作，用科研的思维方式和工作方法推动德育工作，走德育规范化、实效化管理之路。德育课题研究主题如下：

第一学期：《有效德育实施方案》《有效德育目标体系》《有效德育

评价体系》《班级规划的制定》；

第二学期："底线育人"，通过有效德育评价体系引领班主任切实做好学生的习惯养成教育；

第三学期："活动育人"，通过每一次活动，思考班主任该如何做好学生的思想教育和提升班级文化建设；

第四学期："课程育人"，通过三级课程体系，即国家课程、地方课程、校本课程如何渗透学科德育，进一步将课堂评价与学生成长有机结合；

第五学期："文化育人"，从班级文化建设入手，引领班主任如何注重对学生的文化熏陶，以此进一步提高班主任的专业化水平；

第六学期：提炼成果，将三年的德育科研工作成果通过案例集、方法与措施集锦等形式予以呈现。

在整个德育科研期间，全体教师围绕以下专题自主选择进行个人的德育科研探索：《班级规划的制定》《班风建设的方法研究》《班级凝聚力的培养》《班级的评价体系》《班级文化建设研究》《班主任教育艺术的研究》《家校合作的研究》等。

（二）优化队伍建设，完善绿色育人考核机制

1．我们将利用班主任例会的间周时间进行系统的培训，结合具体工作中的案例，提升班主任的教育理念。同时学校在二楼接待室开设班主任工作学习室，将《中国德育》《上海教育》《班主任之友》等具有先进教育理论和科学教育方法的书籍与杂志摆放其中，供班主任在课余时间进行自主学习，并在月末写出学习体会上交政教处以备检查。

2．对于班主任工作考核将实行月工作目标达成制进行量化，每个月初由班主任制定本月的班级各项管理目标，学校将根据此方案进行跟踪检查、考核，包括学生习惯养成、班级成绩、班干部培养、后进生转化、班级文化建设等，具体详见《十四中学班主任月份考核方案》。

3．为了更好地营造我校的全员德育，我们也将科任教师的德育教育工作纳入本人的月末量化考核当中，运用《十四中学教师德育工作调查表》，在月末的时候采取学生调查问卷的形式给全体教师打分，项目包括课堂中是否有效组织教学、是否对学生进行过体罚和语言侮辱、是否进行

课堂教学小组考核、作业批改是否有情感评价等,以此来推动我校全体教师的育人水平及提升教师的业务能力,拉近科任教师与学生的心理距离,营造和谐师生关系。

(三)突出教育主线,构建有效德育课程体系

1. 学科德育浸润系列化课程

加强学科德育研究,立足课堂教学,挖掘学科教学中的"有效德育评价"的德育资源,将德育贯穿渗透在各学科的课堂教学中,传授知识与陶冶情操,养成"求真、探索、创新"的良好道德习惯,把德育工作贯穿于教育教学的全过程。

2. 开设绿色环保校本课程

间周三(校本课的下一周)的第九节课,由各班级班主任组织学习召开绿色环保校本课程,把环境教育与团队活动、重大纪念日相结合,通过设立环保宣传标语牌、社会调查、主题活动、环保实践等形式,利用用水日、人口日、爱鸟周、植树节、地球日、世界环境日等环保节日开展丰富的宣传活动。学校也将制定《十四中学环境教育计划》等制度和办法,搭建师生环保素质养成的平台,与各班级签订绿色环保公约,持续开展节约型校园创建活动,成立校园环保护绿队。详见《十四中学课程建设方案》。

(四)推进环境建设,提升有效德育文化品质

1. 优化校园环境,让校园的每一面墙、每一寸花草树木、亭台泉石,教室每块黑板报、宣传栏、学习天地都起到潜移默化的教育作用,让学生得到美的享受。

2. 设立护绿爱绿志愿者岗位,通过各班认领,保护学校的花草树木,洁净校园的环境。同时学校也将为校园的各类花草树木制作标签,让学生能够充分了解绿色植被的基本知识,以此加强绿色校园的环境建设。

3. 以班级文化建设为突破口,开展"一草一木一人生,一花一叶一世界"的绿色班级创建活动,通过选定班花(树),自主设计班级文化标识,画班徽,定班风班规,编口号,以及开展具有特色的团体活动,构建"绿色班级"班风建设的模式和班级的精神文化,培育良好班风,营造和谐环境,推进温馨教室的建设。

（五）丰富学生活动，形成有效德育活动体系

1. 常规活动

大课间：每天30分钟的大课间活动要变成学生自我才艺展示的平台，除了做好广播体操、校园集体舞和队列回归等全校统一的活动之外，还将开设"一班一品"活动，即每个班级都有一个体育特色和文艺特长，让学生在开放活动中充分展示自己。

班班有歌声：每天午后10分钟的班班有歌声活动将歌曲的选择权和演唱权交给班级，由班主任组织学生创作班歌并激情练唱，切实让歌声成为陶冶学生情操的有效载体。

话题班务：每周四放学前20分钟的话题班务要成为学生锻炼讲演故事、表达能力和自我教育的平台，充分利用好我校的德育校本教材《在故事中长大》，让每个学生都成为"故事大王""演讲能手"。

校园广播站：每周二、周四中午的15分钟校园广播站要成为我校有效德育宣传的主要载体，结合《青禾报》，将学生的文学创作和才艺作品及时地予以展现。

2. 专题活动

学校将重大节日、艺术活动、体育活动、科技活动、经典诵读活动等有机地贯穿于各个月份当中，形成活动体系，具体详见《十四中学校园活动体系》。

（六）开设《绿色足迹》，创新有效德育评价体系

建立以"学生自我参照为主要形式，科学与人文相结合的评价机制"，完善我校已有的星级少年评价机制。

学校将根据《大连市中小学生综合素质评价》中的相关条目，与我校的实际考核相结合，制定《绿色足迹》评价手册，共包括公民素养、学习能力、交流与合作、运动与健康、审美与表现五个维度，总计84条评价元素，对学生进行全方位的过程性评价，采取学生自评、班级组评、教师师评、家长鉴定等形式。

各班级利用周五第九节的时间，组织学生进行自评和组评，各位科任教师结合一周来学生的各项表现进行师评，并将结果送交班主任，班级

考核小组将所有评价结果进行等级核算汇总，周五放学后将手册交由家长进行鉴定。下周二的填满绿色活动各班级根据考核结果进行评价，评价结果将作为每月星级少年评选、学生评优评先及入团积极分子的依据。详见《十四中学有效德育评价体系》。

四、实施步骤

（一）准备阶段（2011年6月—2011年8月）

1. 组建"大连市第十四中学有效德育特色建设"领导小组，做好"特色建设"规划工作。

2. 制订"有效德育建设规划方案"。

3. 搜集有效德育相关材料，组织德育教育理念学习。

4. 修订完善《有效德育目标体系》《有效德育评价体系》《有效德育活动体系》。

（二）实施阶段（2011年9月—2014年7月）

1. 依据"有效德育"特色理念，全面实施特色研究，构建有效德育体系。

2. 形成特色建设阶段性经验总结报告。

3. 整理收集相关资料（书面与电子的）。

（三）总结阶段（2014年9月—2014年10月）

1. 整理相关各项研究成果资料。

2. 规划实施成果鉴定。

3. 整理其他物化成果。

4. 撰写特色建设总结报告。

五、保障条件

为确保"有效德育"的顺利实施，特制定保障措施如下：

1. 组织机构保障。成立"大连市第十四中学有效德育特色建设"领导小组，组长由校长担任。

2. 例会制度保障。每月进行一次专题例会，研究反馈实施的情况。

3. 跟踪指导保障。政教处定期检查指导各项工作的落实情况。

4. 适度经费保障。争取学校对特色创建的经费保障。

5. 档案制度保障。及时把实施的轨迹资料分类存档。

6. 专家引领保障。聘请相关市、区专家讲座、把关和技术理念指导引领。

7. 考评制度保障。建立健全考核评比激励制度，确保各项工作落实。

第八章 艺术润人——让学生在艺术陶冶中长大

第一节 把艺术教育作为绿色教育的重要内容

一、艺术教育的独特作用

习近平总书记在全国教育大会上强调：要全面加强和改进学校美育，坚持以美育人、以文化人，提高学生审美和人文素养。教育部《关于进一步加强中小学艺术教育的意见》中指出：美育是国家教育方针的有机组成部分，艺术教育是学校实施美育的基本途径，是素质教育不可或缺的重要内容。学校艺术教育是实施美育的最主要的途径和内容。艺术教育能够培养学生感受美、表现美、鉴赏美、创造美的能力，引领学生树立正确的审美观念，陶冶高尚的道德情操，培养深厚的民族情感，激发想象力和创新意识，促进学生的全面发展和健康成长。因此，落实立德树人的根本任务，实现改进美育教学，提高学生审美和人文素养的目标，学校艺术教育承担着重要的使命和责任，必须充分发挥艺术自身应有的作用和功能。

孔子倡导君子要"志于道，据于德，依于仁，游于艺"。现代教育中，艺术教育是素质教育不可或缺的重要内容和组成部分。学校的艺术教育，能够提高学生的艺术修养，丰富精神世界，培养创新意识，提高学生做人的品位，塑造学生的灵魂和气质。艺术教育有助于培养人的认知能力、创造能力、审美能力，提升人的心理调适能力，培养人的社会交往能力，有助于人的人格形成，促进其身心各方面和谐全面发展。

艺术不仅能满足美的要求，而且能满足思想的需要，给人生以精神上的活力和鼓舞。艺术对人的影响，是能够沁入心灵深处的震撼，是任何空口说教所无法达到的。艺术教育，是通过艺术进行的审美教育。它是一种特殊的社会意识形态,这种特殊的意识形态在社会生活中具有多种功能,概括地说可分为三个方面:其一是认识功能,是指通过艺术认识关于世界的过去、现在和将来情况的功能;其二是教育功能,是指通过艺术提升人的精神境界的功能;其三是审美功能,是指通过艺术使人感受美、理解美并产生愉悦感的功能。

人的全面发展需要具备多种多样的能力,艺术教育有助于塑造和培养学生的多种能力。艺术教育有助于培养人的认知能力。艺术教育侧重于直觉的、感性的认知能力,更多在开发人的右脑。从脑科学角度来说,艺术协调着人的左右脑,使两者既保持相互的平衡,又在相互促进中得到提升和发展。艺术教育有助于培养人的创造能力。艺术思维更侧重于直觉,具有跳跃性、非线性,因此在任何类型的发明创造过程中,会起到画龙点睛的关键作用。

法国哲学家卢梭说:"有了审美的能力,一个人的心灵,就能在不知不觉中接受各种美的理念,并且最后接受与美的观念相联系的道德观念。"艺术教育有助于提高人的审美能力。艺术教育的目的指向之一是审美,审美是艺术教育价值的核心意蕴。美学家叶朗先生说过:"艺术教育具有人文内涵,能够使人感受到人生的美,激励人们去追求自身的高尚,去追求更有意义、更有价值的人生,提升自身的精神境界。"艺术在教育中是一种培养人感知美、鉴赏美、创造美的活动,其目的是促进人的身心,实现和谐的发展。中小学艺术教育的性质决定了中小学的艺术教育,既要培养学生的艺术欣赏(感受美、理解美)能力,又要培养学生的艺术表现(表现美、创造美)能力,重点应放在培养学生的艺术欣赏能力上;既要培养学生的艺术欣赏能力,又要培养学生艺术欣赏习惯,重点应放在培养学生的艺术欣赏习惯上。

艺术教育对于立德树人具有独特而重要的作用。美育之伟力,在于涵养道德、升华生命。以美辅德,助力德育教育,是德育工作的必需。素质教育中以德育人是根本,但德育不能干巴巴地说教,必须像春风那样"随风潜入夜",通过渐进的方式进行。艺术教育的特点就在于它不是强迫的,而是通过艺术活动调动人的兴趣,打动人的感情,让人愉快地受到教育，帮助青少年明是非、知善恶、识美丑。

艺术能启迪智慧，发展全面思维。人的思维分为逻辑思维和形象思维两类，二者不可分割。如果只重视其中的一种，就是不健全、不全面的思维，它可以制约一个人素质的全面提高。一个人必须把逻辑思维与形象思维、科学思维与艺术思维有机地结合起来，才能形成高质量、高素质的健全的思维。艺术教育有助于培养学生的想象力、创造力，丰富着学生的头脑和世界，有助于学生思维的拓展，启迪智慧，培养学生大跨度的联想能力，从而形成健全人格。因为艺术教育的特点是灵活、多变、多向，所以有着其他教育不可替代的独特作用，是开拓创新思维不可缺少的因素，是学校全面实施与推进素质教育的有效途径。可以这样说，没有艺术教育的教育是不完全的教育。

艺术能陶冶情操，丰富情感世界。教育不能够离开情感，在教育过程中，教育者和被教育者之间必须以情感作为桥梁，作为纽带，才能产生教育的效果。教育离不开情感，情感最能教育人，最能打动人，最能收到良好的效果。艺术教育的特点不仅仅是以理服人，更重要的是以情动人、以情感人。培养学生健康的、丰富的情感世界，艺术是非常重要的教育内容。

对个体而言，艺术教育是生命早期发展的主要动力，是全面提升个体素质与能力的重要路径。每个儿童都拥有一颗艺术的心。儿童就是天生的艺术家。每个儿童都天生拥有着游戏的精神和艺术的心灵。一些有远见的教育家主张，在7~14岁期间，艺术教育应该成为学校生活的主旋律。所以，没有艺术和游戏陪伴的儿童，是孤独不幸的；没有艺术和游戏的童年，是黯淡无光的，就会丧失了内心的艺术本能。

对学校而言，艺术教育是碎裂学科的黏合剂，是倦怠时刻的兴奋剂，使学校生活张弛有度，充满活力。有科学研究显示，在充分的艺术教育与其他学科成绩测验之间，存在着稳定的正相关关系。参加艺术活动的学龄期学生在口头记忆测试上所获得的分数，要比班上那些没有参加艺术活动的同学明显高出许多。艺术教育的存在，把教育生活连缀为一个和谐的整体，让学习生活变得更加轻松、美好，让生命在高强度的学习过程中，并不显得紧张与忙碌，而仍然拥有从容与优雅。

对社会而言，也是独具作用的。美国学者艾伯利斯明确指出："艺术教育有利于形成一个有内聚力的社会。"艺术教育使人不仅了解艺术本身，而且更多认知和理解艺术背后的社会文化、精神和价值，如此附着于艺术之上的文化、精神、价值更易于得到生动的传播与广泛的认可，必然会促使人们产生共同的社会文化和精神、价值和话语，从而形成强大的社会内聚力。

对民族而言，艺术教育是传续民族精神的瑰宝，是积淀民族文化的法宝。艺术和艺术教育天生与民族和民族文化血脉相连、水乳交融。艺术和艺术教育，二者在相互作用中，共同提升着一个民族的审美品位，锻造着一个民族的文化之魂。

对人类而言，艺术教育能够帮助我们形成看待世界的第三只眼，交给我们开启世界的另外一把钥匙。人们一旦学会了用艺术的眼睛去看待世界，也就会自然而然地用这只眼睛省察日常生活、反观自我成长，从而在心灵上发现自我，在精神上获得丰盈，在生命上感受意义，在人生中活得从容。艺术，能够给人以精神上的活力和鼓舞。艺术对人的影响，是能够沁入心灵深处的震撼，是任何空口说教所无法达到的。

可见，艺术教育在人的发展、社会进步的进程中具有不可替代的重要作用。可以说，不重视德育，损害的是一代人的道德水准；不重视智育，损害的是一代人的认知水平；不重视体育，损害的是一代人的身体健康；而不重视艺术教育，损害的则是一代人的心灵世界，损害的是一个民族的精神、想象力和创造力。学校应着力培养学生的艺术修养，让艺术成为学生教育生涯中一抹绚丽的色彩。

每一个人都是追求幸福的。一个人是否能幸福地度过一生，在很大程度上取决于他的需求得到满足的程度。人的需求从大的方面说，可分为两类——一类是物质需求，另一类是精神需求。在通常情况下，当物质需求得到满足之后，就会有精神需求。欣赏艺术便是一种高层次的精神需求。正如傅雷先生所说："世界上的最纯洁的欢乐，莫过于欣赏艺术。"美国学者房龙也说过："没有艺术的世界，就像没有笑声的育婴室一样。"

当然，中小学教育属于基础教育，是为受教育者未来生活和发展打基础的教育。在中小学里进行艺术教育，并不是要使他们都成为艺术专门人才。对学生进行艺术教育，最根本的目的是为了使他们的生活质量更高，为他们幸福地度过一生奠定基础。所以，中小学艺术教育不应把培养学生的艺术表现能力作为重点，而应把培养学生欣赏艺术的能力和习惯作为重点。

"艺术的第一利器，是它的美。艺术的第二利器，是它的力！"新时代呼唤绿色的艺术教育，以美养德，以美铸魂，以美怡情。

二、把艺术教育融合在学校教育的各个环节

（一）把艺术教育纳入学校规划

我校重视艺术教育的地位和作用，把艺术教育作为落实党的教育方针，实施德、智、体、美的一个重要途径加以落实，将学校的艺术教育纳入学校绿色教育的整体框架，不断引导教师从思想上真正认识艺术教育的价值。认识艺术教育是学校教育的重要组成部分，是学校创建绿色教育特色学校、自主养德、发展学生个性的好载体与好抓手。"艺体育德，潜移默化；艺体育智，健全人格；艺体育健，全面发展；艺体激情，张扬个性"的思想，已被全校教师所认同，并贯彻到日常的教育教学中。

学校以自主尚艺为发展方向和培养目标，本着"务实、创新、实效"的原则，把艺术教育作为实施绿色教育、培养学生创新精神和实践能力的一项重要内容。在制订学校发展总体规划中，将艺术体育教育融入学校各项工作中，力求以美辅德，以美启智，以美健体，以美触动，以美创新。

学校重视艺术教育的普及化，不仅将艺术教育作为专业教育，而且希望学生们通过三年在校学习生涯，能够具备基本的艺术知识，掌握基本的艺术技能，能够感知美、鉴赏美和创造美，从而让学生形成主动自觉的美的意识和能力。

（二）立足课堂主渠道

艺术课程是学校课程的组成部分之一。艺术课程对于提高学生的整体

素质，发展学生的审美能力，培养学生的创新精神和实践能力具有积极的作用。学校始终把课堂教学作为实施素质教育的主渠道，根据《义务教育课程设置实验方案》开设艺术课程，确保艺术课程课时总量。多年来，学校认真贯彻落实教育部《全国学校艺术教育发展规划》和《关于大连市初中小学艺术教育工作管理的意见》的要求与精神，严格执行国家课程标准和课程计划，开齐开足艺术课程，并严格要求专课专用，不许占课，教务处和政教处随机抽查，保质保量上好音乐课、美术课、体育课。同时，在保证艺术类课程开齐开足的情况下，重视课程开展的质量和水平，保障有效的课堂教学时间内，学生能获得最大程度的艺术教育。

学校积极引导教师在教学中努力探索如何提高课堂艺术，优化课堂教学。音乐教师不再是过去单纯地教唱歌曲，而是根据个人专长进行特色教学。在教学中，教师始终坚持面向全体学生，较好地实现了课程标准规定的教育目标。学校按规定选用了国家审定的音乐和美术教材，按照课程标准和教材内容进行教学，并根据学生的发展需要拓展教育资源。

我们要求艺术课教师要积极探索、勇于改革教学内容和教学方法，根据艺术教育的规律和学生生理心理发展的特点，结合本校的实际情况创造性地组织教学。充分利用和开发本校、本地区的文化艺术教育资源，重视现代教育技术和手段的学习和应用，逐步实现教学形式的现代化、多样化，拓展艺术教育的空间，提高艺术教学的质量。艺体教师认真执行《课程标准》，深入钻研教材，精心备课，以加强教材建设为着眼点，使学生全面掌握新课程所规定的各项审美常识及体育技能，以改革教学方法和组织形式为基本途径，不断优化课堂教学。在课堂教学中，音乐教师借助多媒体手段，向学生展示图、文、声、像相结合的丰富多彩的教学内容，从而优化了课堂教学内容，增大课堂容量，提高教学效果。为了培养学生的学习兴趣，激发学生自主学习，美术教师主动与学生沟通情感，重视感情的投入，以自己真诚的爱唤起学生的情感并力求教学的多样化，使学生的学习兴趣稳定长久。通过各种活动的开展，使学生无论在知识与能力还是情感态度与价值观上都有了长足的发展，在活动中，学生获得了生动的审美体验。

我们努力引导教师改变教学理念。初中阶段的艺术教育并不只是专业技术教育，也不是要把学生培养成专业领域的人才，而是启迪学生的艺术认知，掌握基础的艺术技能，为学生进行艺术积淀，让他们一生能与艺术相伴。在教学中，更多的是对学生进行鼓励，调动起他们接触艺术、学习艺术的积极性，让学生产生成就感，更有自信，并使这种自信也迁移到其他学科的学习中。

（三）搭建艺体活动平台

我校实施了"在艺术熏陶中长大"等系列育人工程，让艺术之花根植校园。

学校注重艺术教育与学校各项活动相结合，让艺术教育通过丰富多样的活动和形式融合到学校的整体教育中。学校多角度、全方面地采取多种措施，开展各项活动，促进学校艺术教育的推进和发展，提高学校师生的艺术认知与修养。

学校在各种大型活动的组织上，精心创意，不遗余力。学校每月都会举办独具特色的系列文体艺术活动，结合开学典礼、毕业典礼、艺术节、教师节、国庆节、新年等庆祝活动，抓住这些有利契机，精心设计匠心独运的文化艺术和体育活动大餐。每年一度的校运动会把运动的美和艺术的美有机结合，在比赛项目的设计上，融竞技性、趣味性于一体，并使每个学生都有参与的机会。

班班有歌声和校园集体舞是一项全员参加的艺术项目，它要求的是班级整体水平的提高，从而促进学校整体水平提高。这两项艺术项目要求班集体的凝聚力，需要班主任高度重视、学生积极配合和音乐老师的有效指导。这两项活动突出了教师的团队精神。师生们既有分工又有合作，主动性和创造性得到尽情地释放，使学校的整体水平达到非常高的状态。

升旗仪式上，同学们以"感恩"为主题的国旗下讲话中，用《感恩的心》等音乐来伴奏；诗歌朗诵活动中，同学们充沛的情感伴随着优美的旋律，那些或豪迈或婉约的诗词吟诵起来分外动听；新年晚会更成为同学们展示自我才华的绝佳机会，优美的小提琴声、优雅的钢琴声，还有各式各样的才艺绝对是一场精彩的视听盛宴，浸润学生的审美艺术情操。

学校结合各种纪念日开展艺术活动和全校性的比赛活动。经常性的艺术教育活动，成为提高艺术水准、培养特长、抓特色建设的有效途径。

在常规活动中，学校坚持开展课前唱歌活动，充分利用好"话题班务"及"主题班会"时间，坚持"形象育人""故事育人"。

由于认识到位，工作到位，落实到位，现在，艺术教育已经成为学校营造具有时代特色、健康向上的审美氛围和校园文化的一个载体，成为大连市第十四中学发展的一个亮点。让艺术教育活动百花齐放，在丰富多彩的艺术活动中成长，在艺术的熏陶中感受真、善、美，是我校教育的一大特色。

过程的快乐、创造的快乐、成功的快乐，让学生的内心受到强烈的震撼，懂得感激、回报，懂得珍惜，懂得奉献，懂得创造。这些文化活动设计新颖、主题鲜明、怡情励志，讲究艺术性、思想性、趣味性、参与性、整体性、诱发性，以力与美熏陶心灵的美丽、品格的高尚。这种以参与求体验的艺体活动，使学生在活动中发现自我，增强信心，陶冶艺术素养，享受快乐和自信。事实证明，给学生一个机会，就是给学生一片蓝天；给学生一点空间，学生就会给我们一个惊叹！

由于艺术活动的扎实开展，我校的艺术教育硕果累累，学校参加省、市、区的各项艺术比赛屡屡获奖。学校先后获得教育部舞蹈大赛二等奖、国家级行进乐大赛金奖、辽宁省管乐大赛一等奖和诸多市、区级艺术类奖项。

（四）在各学科渗透艺术教育

学校在实施艺术教育工程时，努力处理好"五个关系"，即：处理好艺术教育同德育的关系，以美辅德；处理好艺术教育同智育的关系，以美启智；处理好艺术教育同体育的关系，以美健体；处理好艺术教育同课外活动的关系，以美触动；处理好艺术教育同创新教育的关系，以美创新。学校注重在各科教学中渗透艺术教育，把艺术教育融于学科教学各环节中，努力开启"融会贯通"的路径。全方位开启艺术教育通道，让艺术不再局限在音乐美术的学科教学内，让学生认识到美是无处不在的。

学校在完成国家规定的音乐课教学计划的同时，根据学生实际，不断拓展课程内容，如开设了形体课、舞蹈课、古典芭蕾欣赏课等。音乐课也是隐形的德育课，艺术老师配合学校的德育工作，根据具体情况及时对教学内容进行调整，将艺术教育与德育教育紧密结合起来。如在政教处组织的"每周一歌"活动中，音乐老师根据德育的需要带领学生学唱了《接过雷锋的枪》《我和我的祖国》《大中国》等红色歌曲，通过作品告诉学生学会奉献和付出，在歌唱中激发爱国热情，感受革命前辈的英勇，学习他们不怕吃苦、坚守信念、保卫祖国的决心和勇气。

学校以各学科教学为切入点，在教育教学中注意艺术化地处理教学内容，把艺术教育融于各学科教学之中，拓宽了艺术教育渠道，丰富了艺术教育的教学形式。如在语文课上引进校本课程——中华古诗词，英语课上引进英语原声电影欣赏、在数学课中注重背景音乐，通过提高全体教师的艺术修养和审美能力，实现艺术教育渗透。这些不仅提升了艺术体育教育影响的广度和深度，更是开阔了学生们的审美视野，提升了学生的审美情趣和能力，让学生在接受精品文化熏陶的同时，在艺术熏陶中长大，感受真、善、美，有效地提高了学生欣赏美、表现美的能力。

（五）与校本课程融为一体

在校本课程建设中，学校着重突出艺体学科的主体作用，深入挖掘优化艺体课程资源，深入挖掘教师的师资潜力，为学生开辟第二课堂。

作为选修的校本课程，学校将其与各种社团的开展巧妙地融为一体，现在学校的学生社团种类越来越多，规模也不断扩大，目前各种学生社团已经成为学校开发学生潜能、培养学生艺术审美素养的有效途径，学生参与率达到100%。同时，学校通过开展丰富多彩的学生社团活动，使绿色审美素养教育课程化，进而强化了校本课程的载体作用。

在加大对专业艺体教育师资力量建设的同时，学校还聘请了专业的舞蹈、器乐教师到我校任业余教练教授学生，并带动我校艺体教师快速成长。学校把一些有一技之长的教师组织起来，结合实际，设计有特色的校本课程和社团活动，开设了影视动漫、摄影、演讲、书法、集邮、古诗词鉴赏等艺术审美课程，组建了爱音管弦乐团、夜莺合唱团、青禾文学社、嘉禾诗社、星韵舞蹈团、轮滑队、羽毛球队、足球队、排球队、乒乓球队等艺术体育团队，坚持面向全体，做到人人参与，使每个学生都能掌握一定的艺术体育技能，让他们真切地感受到校园文化的艺术气息，使审美情趣、审美素养在活动中滋养、蔓延。

第二节　精心打造艺术教育特色项目

一、打造学校艺术教育品牌

特色教育的载体是学生，特色学校的学生显现出来的是不同于其他学校的有利于学生发展得更好更优的品质，这种特质是整体凸显的，是绝大多数学生在自己的言行中经过认同、内化并外显的优势。这种优势的形成，需要学校有自己的支撑项目和特色课程，才能保证其科学性、独特性和稳定性。为此，我校通过多种举措，花大力气培植精品社团，培植艺术教育支撑项目，打造学校的艺术品牌。

（一）爱音管弦乐团

我校的爱音管弦乐团是大连市仅有的三支学生乐团之一。2005年成立至今，乐团不断发展壮大，颇具专业水准，是学校艺术教育的一张亮丽名片。

学校聘请各乐种专业教练免费为零起点的学生进行指导，免费提供乐器，乐团在大连市的各类比赛中取得了优异的成绩。学校各种社团的组建和运行，得到了社会各界的大力帮助。仅爱音管弦乐团，大连市甘井子区红旗街道办事处启动资金就投入70万元，并聘请了有很高专业水准的指导教师，使学校的艺术教育提升了档次。2015年，大连红旗电力集团为乐团建设赞助10万元。自2005年至今，学校每年要投入20多万元更新乐器、聘请教练、购置演出服装。

爱音管弦乐团引导学生触及音乐的灵魂，感受音乐的真谛。2015年新年音乐会，乐团为家长和师生演奏了《蓝色多瑙河》《梁祝》《白毛女》《拉德斯基》《欢乐颂》等11首世界名曲，打动无数来宾。世界名曲的演奏，让学生们听到了自己心中的音乐，音乐的流行就这样从孩子们的身上迸发出来。

乐团成立以来，硕果累累：2008年参加残奥会大连市火炬传递仪式并演奏；连年获得大连市中小学器乐比赛一等奖；多次参加市区级大型艺术展演活动，如大连市中小学"体育、艺术2+1项目"展演、甘井子区庆祝中华人民共和国成立60周年文艺演出、甘井子区庆祝教师节大型艺术展演等；2014年，获得辽宁省中小学管乐大赛一等奖；2015年，获得全国第三届行进乐大赛金奖；2017年代表大连市参加大连首届国际管乐节开幕式展演，并于同年12月参加大连市庆祝十九大召开惠民演出。

（二）星韵舞蹈社团

学校星韵舞蹈团自成立以来，经过几届团员的共同努力，如今这支年轻的队伍已日趋成熟。

舞蹈社团由外聘专业教师指导，经过精益求精的反复训练，舞出了一支支活力四射的舞蹈。这个充满青春魅力的团体，不仅圆了孩子们对舞蹈的梦想，还塑造了他们坚韧的个性和善于团结协作的品质。尽管对每一个孩子来说，舞蹈都不是他们的专业，但他们每一次投入和忘我的激情表演都为他们赢得了如潮好评。铮铮的扇响，跳跃的步伐，奔放的朝气，让人叹为观止。他们用火热的激情，舞出了青春的旋律。

几年来，星韵舞蹈团不仅在市、区舞蹈比赛中独占鳌头、频频获奖，还曾代表大连市参加辽宁省的中小学舞蹈大赛，获得骄人的一等奖殊荣。2008年2月，舞蹈《希望的田野》代表辽宁省参加全国第二届中小学艺术展演获得二等奖，其热烈奔放的青春气息，给观众留下了难以磨灭的印象。2009年4月，学校舞蹈团表演的舞蹈《搏击》获甘井子区校园艺术节一等奖，并代表甘井子区参加大连市比赛再获佳绩。2010年4月再获甘井子区中小学舞蹈比赛中学组一等奖。

（三）夜莺合唱团

夜莺合唱团是学校一个活跃的艺术社团，招纳了众多爱唱歌的学生，他们如一只只可爱的小百灵，插上音乐的翅膀，唱出一支支婉转、悠扬、动听的曲子，节拍的起、承、转、合，处理得都恰到好处。

合唱团成立至今，多次获区合唱比赛一等奖。2018年，在甘井子区中小学生艺术节班班有歌声比赛中荣获团体一等奖，2019年获得甘井子区中小学合唱比赛中学组一等奖。

（四）校园集体舞

提起我们大连市第十四中学的校园集体舞，看过的人都会称赞有加，更重要的是学生从中受益匪浅。学校的大课间校园集体舞，气势磅礴，充满朝气，别具一格，看过的人，无不为之震撼。校园集体舞，在这里赋予了更广泛的内涵，成为培养团队精神、意志品质、艺术素养的重要载体。

在舞蹈的韵律中，孩子们尽情地舒展着他们的肢体，脸上洋溢着自信与幸福的微笑，娴熟而自如的动作显示了他们热情而蓬勃的朝气，在气势磅礴的音乐中，他们时而激情劲舞，时而变换造型，学生精神昂扬，动作规范，体现了当代中学生积极向上团结协作的精神风貌。在舞蹈中，他们感受并表达健与美的体验，表现出了青少年对奥运精神的追求，这种拼搏向上的精神鼓舞着他们奋勇向前，并让孩子们终身受益。学生在校园集体舞的活动中感受着艺术之美，同时也在优美的旋律中舒展了身体、陶冶了情操，增强了参与、合作的意识，还渐渐学会了欣赏自我、欣赏他人，在欣赏中茁壮成长。谁能说，在艺术氛围中产生出的健康心态不会滋养出学生高尚的心理品质？

我校每年的大课间操都别具特色，推陈出新。注入一种思想内涵，彰显一种精神品质：

花环舞在《大地飞歌》主题曲的伴奏下，展现了学生们畅想绿色奥运、展露绿色青春的精神面貌。每一个舞姿都韵味十足，每一个舞姿都刚柔并济，每一个舞姿都神形兼备，把社会的安定祥和、校园的青春活力表现得淋漓尽致。

手绢舞《律动青春》，每个学生在舞动中的那种畅快、豪放令人羡慕不已，尽显学生们活力四射、英姿勃发的绿色青春年华。旋风一样，是蹦跳的脚步，斗虎一样，是强健的身姿，畅快、豪放而且火烈，青春的气息充盈整个校园。

扇子舞《祝福祖国》，全校1300多名学生在抒情的旋律中舞动，热情昂扬，诠释了对祖国母亲的深深祝福，祝福祖国太平昌盛。舞动的扇子，闪烁的瞳仁，变换多姿的造型，奇伟而磅礴。

学校的集体舞多次在全国及市、区获奖，并多次代表市、区接待来自全国各地的领导和来宾的参观，受到广泛的好评和赞誉。大课间和集体舞已经成为学校艺术教育的特色与亮点之一。集体舞参加大连市和甘井子区阳光体育运动大会展演10余场，2008年在全国第三届体育教学观摩展示会上展演，并获得大会优秀表演奖。

二、加大艺术与体育的融合

学校把体育卫生工作作为学校"绿色教育"特色建设的一项重要内容，常抓不懈。我们站在时代的高度看待这项工作，把培养健康的、人格健全的人作为学校工作的最终目标。我校把体育工作目标定位为优势+特色，"优势"即保持我校的传统项目在一个较高的水平上，"特色"即创新思维，开创体育工作新路子。我们遵循"艺体育德，潜移默化；艺体育智，健全人格；艺体育健，全面发展；艺体激情，张扬个性"的思想，深入贯彻教育部体卫艺司关于开展"体育、艺术2+1项目"活动精神，把"体育、艺术2+1项目"活动作为学校"文化养人""课程育人"的有效载体，让学生享受艺术体育、快乐体育。

（一）建立长效管理机制

学校在实施体育工作过程中，切实贯彻《中共中央国务院关于深化教育改革全面推进素质教育的决定》和省、市、区关于"体育、艺术2+1项目"及《关于大连市初中小学艺术教育工作管理的意见》的精神与要求，秉承"人文、民主、和谐、活力，关注学生发展的可能性，关注学校发展的可持续性"的绿色教育办学理念，把艺术体育教育作为我校实施绿色教育、推进素质教育、培养学生创新精神和实践能力的重要内容摆在学校工作的突出位置，以美辅德，以体养德，以美启智，以体增智，以美健体，以体健美，以美触动，以体创新，把艺术体育教育融入学校各项工作中，纳入特色教育体系中，并使之课程化、规范化。

我亲自规划、主抓该项工作的落实，形成了以教务处统筹管理，政教处、艺体组为组织主体，课程教育为主渠道的体育艺术育人模式。学校还把"体育、艺术2+1项目"活动纳入德育体系当中，制订专项实施方案，并确保有计划地落实于每个学年的工作当中。同时，学校制定并不断完善、优化体育艺术教育的管理机制、考核机制及奖励机制，充分调动体育艺术教师的工作积极性，确保工作实效，真正实现了"通过学校课内外体育教育和艺术教育活动，让每个学生都能较好地掌握两项运动技能和一项艺术技能"的目标。

（二）加强财力和人力保障

为确保活动的有效实施，学校在甘井子区教育局和红旗街道的大力支持下，全方位进行资金投入。几年来，学校不断加大对艺体教育的投资力度，改造换新和升级了体育设施，保证了艺体教育硬件设施的标准化和高质量，使艺体课程和活动得以顺利实施，极大地推动了学校整体教育教学水平的快速提高。

学校按照国家标准配备了艺体学科专业器材，并由专人管理维护，保障使用，且使用率高，适用面广。投入十几万元购买扇子、花环、大手绢，促进全校型的大课间、校园集体舞活动的开展。为保证大课间开放活动中每生拥有一件体育器材，我校投入5万元购入活动器材。

开展体育学科校本教研，学校领导高度重视，分工负责，实施"课堂认证制"，责成专人主抓体育教学，深入体育组参与教师的集体备课、研讨或听课指导，引导体育教师开展课堂教学研究，落实多维立体的同伴互助校本研修模式。通过骨干带动、课题牵动、组内互动、读书促动、网络互动、校际联动，推动教师尽快成长。每学期学校都开展包括艺体教师在内的教学大赛，以促动教师深入课堂教学研究，并严格落实艺体学科各项教学考核。

为确保课程的有力实施，学校注重教师队伍建设，选拔优秀教师担当校本课程的开发工作，也聘请了专业的舞蹈、器乐教师到我校任业余教练，带动我校艺体教师快速成长。学校加强对体育、艺术教师的培养，提高教师的指导能力，把"体育、艺术2+1项目"活动成绩纳入对师生的评价考核中，及时给予物质和精神上的奖励，并在评职、评优、评先中予以考虑，极大地调动了师生参与活动的积极性。

（三）抓实常规体育活动

经常性的艺体教育活动，成为提高学生艺术水准、培养学生特长、抓学校特色的有效途径。我校对于体育卫生工作的常规活动要求是：高起点、高品位、有实效。我们把每天1小时的体育锻炼活动科学化、制度化、规范化，根据不同年级学生的特点，制订不同的训练计划，并进行科学的指导和严密的组织，同时跟踪量化，纳入考核。严格落实"两操两活动"，广播操、眼保健操、课外活动、大课间活动长期坚持，确保每天锻炼1小时。每星期的体育课是学生艺术享受和快乐体育的主渠道，增强了艺体学科教学的趣味性、审美性、娱乐性、健身性、实效性。

学校把冬季体育锻炼作为增强学生体质的重要手段。学校全面动员，提高认识，机制保障，确保落实，每年一入冬即启动阳光体育长跑活动，校长亲自带领教师与学生们一起参加锻炼。

学校对体育教师分工明确、职责明确、体育教学安全管理考核明确，管理考核机制落实到位。在实施艺术体育教育过程中，我们做到"五定""三化"，"五定"即定时间、定项目、定人员、定场地、定期总结；"三化"即校本化、课程化和常态化，确保100%的学生参与。

学校严格执行国家课程标准，严格落实国家课程计划，保质保量上好体育课，明确要求专课专用，任何人不许占用艺体课，教务处和政教处随机抽查。学校还明确要求艺体组教师每学期的工作计划中要有明确的质量目标。

经常性的体育活动，保障了学生的身心健康。学生体质健康水平达到88%，达到了《国家学生体质健康标准》。学校按规定开设健康教育课，同时利用各种宣传渠道，如广播、橱窗等向学生宣传健康知识，开展传染病、常见病防治活动，常见病发病率低于2%，近视眼发病率低于4%。

（四）体育活动课程化管理

学校在特色学校建设过程中，把校本课程建设作为特色建设的有力支撑，学校聘请课程专家多次到校指导教师编写课程纲要，编写教材，构建了"活力的我"校本课程体系。这些教材是在教师反复实践的基础上编写出来的，实用性强，适合学生需要，学校选取优秀教材正式出版。这些课程，以体育艺术类课程为主体，突出艺体学科的主体作用，深入挖掘艺体课程资源，在校本课程开设的20余门课程中，设立了田径、足球、篮球、乒乓球、羽毛球等体育社团，坚持面向全体，做到人人参与，使每个学生都能掌握一定的艺术体育技能。学校也将校本课程纳入规范的课程管理，形成长效机制，落实课程计划，落实过程管理，严肃评价，使校本课程开展得扎实有效，学生真正学有所得。

在校本课程构建过程中，学校大力发展足球校本课程。我校是"大连市青少年足球工程实验校""甘井子区足球特色学校"，是大连市中学生"市长杯"足球赛甘井子分区赛的承办学校，是阿迪达斯少年足球俱乐部的成员之一。学校通过广播、墙报等多种渠道广泛宣传足球知识，激发学生参与活动的热情。我校学生每生一足球，每天要利用大课间活动的时间进行足球基本技能训练；学校拥有足球社团两个，常年坚持训练，均在市区比赛中荣获大奖；我校每个班级都拥有一支足球队，学校定期开展足球联赛，推动足球运动在青少年中的发展。

（五）奉献体育活动大餐

学校精心创意，设计匠心独运的体育活动大餐。学校大胆进行运动会模式改革，变以往的纯粹的竞技性项目为竞技体育与艺术、趣味运动并行，在市、区产生较大影响。通过改革，我们让有能力的学生参加竞技项目，让能力弱的学生参加能接受的趣味项目。这些趣味项目的设计均出自体育教师之手，既有一定的趣味性和艺术性，又需要一定的体能，学生乐于参与；既培养了团队意识、合作意识，又锻炼了身体、愉悦了精神，保证了百分之百的学生都参加到体育运动当中，没有看客。在比赛项目的设计上，融竞技性、娱乐性、审美性于一体，给人不同的感受，学生们在其中增强了参与、合作的意识，增强了自信，释放了愉悦。过程的快乐、创造的快乐、成功的快乐，让学生内心受到强烈的震撼。这种以参与求体验的艺体活动，使学生在活动中发现自我，增强信心，享受快乐和自信。

大课间、校园集体舞独树一帜。我校积极响应国家让学生"走到操场上、走进阳光下、走进大自然"的阳光体育运动的号召，开展大课间操、校园集体舞、学生社团等课外体育训练。规模宏大的校园集体舞几经推陈出新，已成为我校的一大特色，学生通过这项活动磨炼了意志，增强了体质，陶冶了情操，也培养了欣赏美、表现美、鉴赏美的能力。

学校还开展了多种多样的课外竞赛活动，如定期进行会操表演、跳绳比赛、踢毽子比赛、足球比赛、拔河比赛等。丰富多彩、安全有趣的体育活动，增强了学生的参与感、自信心，体会了运动的快乐，营造了生机勃勃的绿色校园环境。

（六）学校体育硕果累累

由于学校体育的蓬勃开展，学生身心健康，阳光向上，身体素质和健康水平高，学校体育特色鲜明，享誉市、区。

我校曾获得"大连市中小学大课间活动第一操"称号并成功举办全市现场会，被评为"大连市中小学大课间活动先进单位"，并连年获得"甘井子区大课间活动先进单位"称号。

我校的校园集体舞更是逐年更新，精彩纷呈，在市、区阳光体育运动大会上展演10余场，接待国内外来宾几十场。"十一五"期间，我校协助市教育局承办了全国第三届体育教学观摩展示会，校园集体舞《律动青春》在大会上做了展演，赢得了来自全国各地的体育界同行的高度评价，并获得大会优秀表演奖。

学生的体育成绩也逐年提升，在市、区的各类比赛中屡屡获奖。2010、2011年连续获得甘井子区中小学秋季田径运动大会团体总分第一名；连续多年的中考体育考试中，我校学生的优良率稳居全区前列。

课外体育训练也硕果累累。2008年至今，学校男子足球队多次获得大连市中小学"市长杯"足球赛甘井子分区赛的第一、二名；女子足球获得第六届大连市中小学生"市长杯"足球赛甘井子分区赛初中女子组第一名，2012年获市级比赛第二名；2017年中学女排获得全市第五名；2018年中学女排获得全区冠军，代表区参加市级比赛获得第六名，男排获得区级比赛第二名；2019年，男排女排均获得全区第二名。

多年来，我校学生体质健康测试名列全区前列，一直是市区体育卫生工作先进单位，多次代表大连市甘井子区迎接市政府体育卫生工作专项督导，受到好评。

第九章　评价成人——改进和促进学生全面发展

第一节　选好绿色评价的尺子

美国教育评价专家斯塔弗尔比姆指出："评价最重要的目的不是证明（prove），而是改进（improve）。"评价的本质不是甄别，而是侧重于发展，必须服从和服务于被评价对象的发展成长。因此，作为教师，应从人的生命发展的角度出发，深入领会新课程评价的含义，树立科学有效的评价观。坚持以"促进学生发展"为目的，"立足过程，促进发展"，应该是我们永恒的追求。

教育不是训练，不是灌输，而是着眼于生命的发展。评价不是管束，不是单纯地下判断，而是唤醒，是发现学生的生命潜力，以成为促进学生生命发展的动力，是让其学会做人、学会学习、学会生存、学会合作、张扬个性的过程。教师对学生的态度情感、言行举止以及评价的表达方式，对学生学习兴趣的培养、学习动机的激发都起着直接或间接的作用。一句话，有什么样的学生评价就会塑造出什么样的学生。

成功的教育不在于使学生得到高分，而在于使学生将来能得到更好的发展空间，能在这个社会上更好地生存。就个体心理发展而言，每个学生都有自我尊重的需要，而且随着年龄的增长，学生渴望得到老师与同学的接纳，这样的愿望会越来越强烈。因此，对学生的评价中，教师在关注学生共性的基础上，更注重个体差异的发展。每个人心中都有一个舞台，心有多大，舞台就有多大。教师要充分发挥自己的聪明才智，通过赏识评价，帮助学生认识自我、建立自信、发展个性、挖掘潜能。

每个学生都具有不同于他人的素质和个性，都有自己的爱好、长处和不足。学生的差异不仅指考试成绩的差异，还包括生理特点、心理特征、兴趣爱好等各个方面的不同特点，这使得每一个学生发展的速度和轨迹都不同，发展的目标也具有一定的个体性。发展性评价要依据学生的不同背景和特点，正确地判断每个学生的不同特点及发展潜力，为每一个学生提出适合其发展的有针对性的具体建议。发展性评价提倡发挥学生在评价中的主体作用，改变过去学生被动接受评判的状况。要让学生更多地参与评价内容和评价标准的制定，在评价资料的收集中发挥更积极的作用，通过"协商"达成评价结论，促进学生反思。发展性评价要求教师在日常教学和生活中善于观察学生，同时要注意经常与学生保持平等的交流与沟通，倾听他们的心声，以便及时满足他们的需要。

近年来，我校认真落实《教育部关于推进中小学教育质量综合评价改革的意见》，确立了新的评价理念。

其一，评价的目的是为了促进学生全面发展。既要关注学业水平，又要关注品德发展和身心健康；既要关注共同基础，又要关注兴趣特长；既要关注学习结果，又要关注学习过程。

其二，重视评价的导向和功能。要更加注重发挥评价的引导、诊断、改进、激励等功能。这就意味着，评价不单单是为了甄别选拔，也是为了让学生看到自己的进步，发现自己的潜能。所以，必须尊重学生的个性差异，以动态的、发展的眼光看待学生，不能以考试成绩论英雄。

其三，重视多元评价。按照教育部评价改革的意见，结合我校实际，丰富教育评价的内容和方法，科学设计评价体系。

一直以来，学校教育评价存在偏颇，用分数作为衡量学生发展的唯一标准，用分数去界定人才规格、评价教育质量的现象普遍存在。这种做法，扼杀了学生的发展潜能，剥夺了学生的个性发展机会。我们必须承认，学生是存在个体差异的，社会对人才的需求也是多元的，教育要考虑社会对人才的需求及个体的发展需要，促进不同学生的多元化发展，多元评价是促进学生多元发展的方向标。对学生的评价要根据多元智能理论，增强内容多元化，制定多层级评价标准。坚持鼓励原则，在评价中强调个体纵向比较，在原有基础上有进步就是成功。教师要把评价作为引领学生发展的手段，不只看评价结果，更要以具体、明确的评价肯定学生努力的过程和参与中的体验。多元评价体现在评价主体多元化、评价标准多元化、评价方法多元化、评价过程动态化、评价结果的处理多元化。

让学生在评价激励中长大，这是绿色教育的理念之一。我们建立了一种多元的评价激励机制——"填满绿色"评价体系。该体系由四个环节构成，绿色足迹—填满绿色—星星河—星级少年。分四个阶段对学生进行评价，分别是日评价、周评价、月评价、学期评价。

所谓的"填满绿色"，是学校以班级为单位，在学生中从不同层次、不同角度评佳、展才的长期性的评优活动，是完善并深入开展绿色教育的具体途径之一。旨在播种希望、点燃火种，使学生在激励中成长，在自我欣赏中发展。

在每个班级教室的后墙上都有一块黑板，这就是开展填满绿色活动的平台。每周二放学前的一节课时间里，班主任老师会组织全班同学面向填绿黑板，通过组长总结、自我认真反思、学生填涂绿块、班主任总结等环节进行活动。在黑板上，每一周每一个学生都有一个方格，但是这个方格被分成了八块，每一块都代表一定的评价元素。①文明绿块：讲文明、懂礼貌，团结同学、尊敬长辈、乐于助人。②学习绿块：有一定自学习惯，课堂发言积极，作业认真完成，学习中勇于创新、创造。③劳动绿块：热爱劳动、积极参与、不怕脏、不怕累，从不计较，表现突出。④荣誉绿块：各种活动中表现积极，为班级、学校争得各级、各类荣誉。⑤守纪绿块：在校内外的各项表现中，能够遵守校规校纪，时时、事事以班级为重，时刻以一名合格的中学生来严格要求自己。⑥自主绿块：具有良好的自我管理、自我约束能力和表现。⑦进步绿块：一周累计表现较上周有很大的进步，学科成绩有一定的提高等。⑧合作绿块：在班级划分的小组中，能够团结组员，配合组长共同提高整个小组的综合成绩。在仪式中，组长将一周以来每个组员的考核结果详细地进行总结，每个学生实现一项便填涂一部分，每周评比一次。通过评比、认定，各班根据一个月"填满绿色"的累计情况，各项选取前五名推荐到学校"星星河"。

以"填满绿色"的"学习绿块"为例。根据"绿色活力课堂"建设的需要，学生间探究活动要频繁开展。为了确保探究的实效，学校在每个班级建立若干个学习小组,每个小组有6名成员,6名成员之间还要两两结成对子。这个对子是有梯度的,学习好一点的叫"大手",学习差一点的叫"小手"。课堂探究活动有时以小组为单位进行,有时在大小手之间进行。小组之间、大小手之间每堂课都要开展课堂学习竞赛,在发言次数、听课状态、学习效果等方面开展批评。每个班级的黑板上都有一个表格,每个小组拥有一个表格,教师采取多种方式评价,有时奖励小红花,有时奖励分数,有些是教师评价,有些是小组间互相评价,这些评价都对学生有着极为深刻的意义。学生们在老师的激励下,在同伴的鼓励下,课堂上积极发言,认真听讲,全身心投入,课堂充满生机和活力,学生也成长在课堂活动中,成长在交流碰撞中。课堂评价能力是一个老师的基本功,善于运用评价的教师,是拥有竞争力的老师。评价做得好的教师,学生的学习积极性就高,课堂效果就好。课堂评价的主体可以是老师,也可以是学习同伴。

"星星河"活动是与"填满绿色"活动紧密相连的校级评价体系,也是学校在学生中评佳、展才的长期性评优活动。根据八个绿块所代表的评价意义,设立了学习之星、进步之星、文明之星、劳动之星、守纪之星、合作之星、荣誉之星、自主之星等。丰富而充满发展性的评价和激励元素的活动,点燃了广大学生积极向上的热情,极大地激发了不同层次、不同类型学生争先创优的积极性。学校向摘"星"学生的家长发喜报,利用"星星河"专栏和学校广播,大力宣传"星星"事迹,并在每个月的全校表彰会上,大肆表奖这些优秀学生。据不完全统计,一个学年下来,全校共计有2400余人次被选入"星星河",一学期内连续入选"星星河"的学生,学期末还有机会入选学生的最高评价荣誉——"星级少年",一学年结束,在暑期还可以参加学校组织的"星级少年"夏令营。这种评价方式赋予传统的评价体系以新的生命力,使每一个学生都有享受成功的机会,使每一个学生都能在不断成功的土壤上建立自信,找到自己的奋斗目标。同时,评价标准的多元化,给予学生发展以正确的引领和导向,学生不仅努力学习文化课,更加注意锻炼身体,发展特长,还主动关心他人,帮助有困难的同学,更加注重自己的行为规范和思想品德建设,促进了学生的全面发展。

当然十四中人也不回避批评。同表扬激励一样，批评也是运用评价手段教育学生的一种方式。正确运用批评和表扬，不仅符合实事求是的原则，而且会对学生的心理成长起到优化作用。为此，我们又制定了几条评价原则：实事求是，不回避否定和批评，委婉而不失真，适度而不迁就；评价准确，不虚夸，不过激；不因鼓励而故意去表扬；一分为二，肯定中指出不足，否定中肯定成绩；公平公正，不掺杂教师个人主观情绪；适当让学生经历积极目的下的小挫折。对待学生的错误，教师要有这样的理念——"学校课堂是学生犯错误的场所"，而批评要讲究艺术，要耐心引导，疏导无痕。

对于孩子们来说，一种星，就是一个追求的目标，不断地追求就会不断地进步，一个又一个目标的实现，最终带来他们的全面发展。而批评则是对学生目标的一种修正，更是一种唤醒。

第二节　激励需要仪式感

仪式是承载一定价值观的程式化活动。通过特定的形象化情景，将抽象的价值观变得可见、可听、可触，帮助学生真正从情感上实现价值认同，并且内化为自己的价值观念。

教育活动中仪式感的营造和利用能有效地增强价值观的影响力和感染力。仪式是一种重要的教育资源，在政治教育中发挥着导向、激励、唤醒的作用。仪式教育是最可视、最生动的实践，学生作为参与者，通过仪式营造的庄重、和谐的氛围，通过视觉、听觉等多种感官刺激，激发认同，触动心灵，重塑理想，这些正是教育发挥作用的重要契机。

仪式感，是教育不可或缺的一种价值表达。真正的教育，都是一种基于教育目标与价值的唤醒、引导和建构。而教育的价值期待，需要在学校的教育活动中以各种适合的方式来表达与实现。能"使某一时刻与其他时刻不同"的仪式，正是对教育价值的一种富有张力、直入人心的隆重表达。这种表达，无论是预设表达，还是生成表达，都是对学生成长的一种有力牵引与乐观期待。从学生入学，到学生毕业，学校所拥有的意象挥洒空间，无疑有很多，很多。

一所好学校，应当是一所富有仪式感的学校。在那样的校园里，总有一些别样的东西，在熏陶，在濡染，在觉悟，在荡涤，在憧憬，在激越，在感召，在舒展。而这些东西，总是蕴含着学校的价值选择与教育意向。完全可以相信，成长在这样校园里的学生，在他们的生命里，定然会有一片亮丽温暖、永不蜕变的底色。

我校充分利用仪式感的独特魅力，对学生进行评价。

每月一次的表奖大会和期末结业式，都是学生非常期待的。表奖大会是全校规模的，全程有音乐陪伴。首先由副校长宣布表奖决定，然后由年部主任公布表奖名单和颁奖词，在读颁奖词的过程中，获奖学生走上前台，由班主任老师、学科组长、科任教师轮流为学生颁奖，并和学生一起拍照留念。获奖的学生们站在全校师生面前的台阶上，手持奖状与老师拍照，脸上洋溢着纯真的微笑。那是自信的微笑，是自豪的微笑，是绿色教育带给学生的幸福的微笑。有的表奖大会是以年部为单位召开的，由年部主任主持，有的请家长参与，由家长亲自为自己的孩子颁奖，孩子们向家长行礼并拥抱家长，拍照留念。初中的孩子正值青春期，已经很羞涩于与家长拥抱，有的甚至跟家长逆反，但在这里，在强烈气氛的感召下，孩子们大大方方拥抱自己的父母亲，双方都流下激动的泪水。这些仪式，在音乐的烘托下，产生了强大的力量，增强了孩子与家长的感情交流，化解了他们之间的矛盾，达到了多重的教育效果。

学生的入团入队仪式也都很隆重。入团仪式是在全校学生面前进行的。在全校师生嘹亮的中国共产主义青年团团歌声中，新发展的团员走上前台，面向团旗站立，由班主任老师亲自逐个佩戴团徽，然后，全体新团员面向团旗举起右手，庄严宣誓，铿锵的宣誓声响彻校园上空。经历了这一刻，新团员的心灵世界受到强烈震撼，他们的思想境界再次得到升华，他们将铭记誓言，继续前行。而亲临现场的其他学生，面对庄严而又神圣的团旗，感受这无上光荣的一刻，心中必然升起对共青团组织的向往和追求，会在今后的学习生活中，积极改进不足，靠近团组织，我们也就达到了积极吸引进步青年加入先锋队的目的。

在绿色教育理念指引下，我们把运动会开成学生们的盛大节日。整个校园被装点一新，8个空中气球带着彩带和标语飘扬在操场上空，巨大的彩虹门后是大幅会标，每年的运动会都设定不同的主题，目的是激发学生积极锻炼身体和培养良好的意志品质。首先是隆重的开幕式，42个学生代表队盛装出席入场仪式，他们精神抖擞、神采飞扬、高呼口号，接受全校师生的检阅，场面恢宏大气。入场式之后是大型团体操表演，这是运动会最精彩的环节。表演从幼儿园开始，到小学部、初一年部、初二年部、初三年部，各部门学生身着各具鲜明特色的整齐服装，表演各不相同的团体操，有足球操，有集体舞，学生们尽情展示风采，精彩纷呈，令与会的人们感慨万千，心情无比激动。比赛环节更是高潮迭起。我校运动会的理念是我们开的是全校学生的运动会，不是少数运动员的运动会，因此我们设计了两类比赛：一类是竞技比赛，在跑道上进行，是给有竞技能力的学生准备的；另一类是趣味竞赛，都是集体项目，是给那些没有竞技能力的学生准备的。我们限制了学生参加比赛的场次，确保每个人都有机会至少参加一项比赛。比赛场上气氛更是隆重热烈，锣鼓喧天，加油呐喊声此起彼伏。运动会真正成为学生们展示自我的大舞台。

毕业典礼是我校面向毕业生的最后一节德育课，每年都设定不同主题，有"师恩难忘，友谊长存""师爱无疆，伴你远航""一路走来，一路花开"等。其中一年设计的环节是：在《红旗颂》音乐的伴奏下，长10米宽4米的大幅主题"师恩难忘，友谊长存"从教学楼顶缓缓落下，全场掌声雷动；然后老师们在音乐的伴奏下，从学生们中间沿着红地毯走到前台，接受同学们送上的鲜花；典礼上有班主任对学生们的不舍和嘱托，有校领导对毕业生的鼓励和期望，有毕业生对母校的感恩留恋、对下届学生的殷切希望，还有对优秀毕业生进行表彰；最后的环节是在歌曲《懂你》声中，班主任老师走到学生中间，为学生发放毕业照并拥抱、握手告别，在场的师生无不感动落泪。通过这一课，学生们理解了老师的批评，理解了学校的管理，也理解了家长的苦心，学生的情感在此刻得到了升华。感恩母校、感恩老师、不负众望、努力前行，这些想法在毕业生心中慢慢产生，逐渐变大变强，学生们突然间长大了，懂事了，成长了，我们的目的也达到了。这，就是仪式的力量！

附件：大阅读表彰仪式文字材料

大阅读表彰仪式发言稿

大连市第十四中学　周慧芹

各位老师，同学们：

大家下午好！

今天，我们全体师生在这里进行语文大阅读活动的展示，从整个的场面和效果上来看，这次活动是非常成功的，它从一个方面展现了我们十四中人良好的文化风貌。我代表学校对这次活动的顺利开展表示衷心的祝贺！

我们宋代的大文豪苏轼曾经这样说过："粗缯大布裹生涯，腹有诗书气自华。"英国的大文学家培根也在他的《谈读书》中说：读书足以怡情，足以傅彩，足以长才。又说：读史使人明智，读诗使人灵秀，数学使人周密，科学使人深刻，伦理学使人庄重，逻辑修辞之学使人善辩；凡有所学，皆成性格。这些既富于哲理又充满情趣的语言，充分强调了文化对于一个人的气质培养和性情熏陶的作用。

按照《进化论》的说法，物质意义上的人，区别于动物的根本方面在于人能够自行制造生产工具并进行有目的的生产劳动。而衡量一个人是否为真正精神意义上的人，则绝对不能仅止于看他的相貌、他的家庭背景、他的经济条件，甚至也不能单看他的文凭高低，最主要的是要看他的文化修养和知识含量，文凭不等于文化。当今社会，物质世界日益丰饶，而我们的精神家园却日渐荒凉，于是读书成为人生当中的大事。未来的时代，是"知本主义"的时代，未来的天下，是"知产阶级"的天下。从现在社会上所提倡的"终身学习"的角度上说，我们也绝对不能漠视读书，谁忽略了读书，未来社会的残酷竞争就会毫不留情地把他变成空有一张文凭的文盲。同学们，我们现在在接受文化的熏陶，我们将来不要文盲的身份！亲近文化，你将来才会是一个不被时代抛弃的有作为的人；亲近文化，你将来才能是一个脱离了低级趣味的高尚的人！

同学们，仍然让文学滋养我们健康成长，逐渐让读书成为我们的精神渴求，最终让文化提升我们做人的质量。十四中学的读书活动正在深入开展，十四中学的文化风潮方兴未艾，让我们共同努力，把读书活动进行到底，把我们的校园打造成文化校园！

谢谢大家！

开场词

男：泱泱华夏，孕育了神州儿女璀璨的历史与文明

女：浩浩文海，造就了炎黄万代质朴的勤劳与善良

男：今古一相接，长歌怀旧游

女：让我们站在历史文化的圣殿上

男：用我们稚嫩而嘹亮的声音

合：吟诵它的深邃，它的壮美

合：歌咏它的旖旎，它的绮丽

男：当秋枫漂染，我们听文字诉离愁别绪

女：当北雁南归，我们让音符展相聚别离

男：文海周游，我们用勤劳与睿智书写诗情画意

女：音符流动，我们用真心与激情吟咏天高海阔

男：此刻，我们要乘风破浪直挂云帆

女：此刻，我们要对酒当歌人生几何

男：让我们在书山上长袖当歌，舞尽人间悲与欢

女：让我们在学海中金樽对月，饮尽世上喜与乐

男：这就是我们，用信念编织梦想的男儿

女：这就是我们，用行动让梦想飞翔的志士

女：现在我宣布，大连第十四中学首届大阅读活动展示及表演开始

串场词

一、徐主任宣布开始

二、刘祥海讲话

三、徐主任宣布表奖开始

四、主持人上场、鞠躬

女：我是来自初二年部的巩建华老师

男：我是来自一年五班的李强

很高兴今天这次语文大阅读活动展示由我俩为大家主持

五、1. 首先请初一语文集备组组长刘俊玲老师公布获得名著竞赛个人三等奖名单

①请初一获奖同学上台领奖，请初一年部主任李丹上台颁奖

②请初二获奖同学上台领奖，请初二年部主任徐帮继上台颁奖（1~5班，6~8班）

③请初三1~5班获奖同学上台领奖，请初三年部主任刘祥海上台颁奖

④请初三6~8班获奖同学上台领奖，请初三年部主任刘祥海上台颁奖

2. 下面请初二语文集备组组长高宏利老师公布获得名著竞赛个人二等奖名单

①请初一获奖同学上台领奖，请初一年部主任李丹上台颁奖

②请初二获奖同学上台领奖，请初二年部主任徐帮继上台颁奖

③请初三获奖同学上台领奖，请初三年部主任刘祥海上台颁奖

3. 下面请初三语文集备组组长赵桂艳老师公布获得名著竞赛个人一等奖名单

①请初一获奖同学上台领奖，请初一年部主任李丹上台颁奖

②请初二获奖同学上台领奖，请初二年部主任徐帮继上台颁奖

③请初三获奖同学上台领奖，请初三年部主任刘祥海上台颁奖

4. 请青禾文学社指导老师姜策公布诗朗诵个人获奖名单

①请二、三等奖获奖同学上台领奖，请教务处刘文主任颁奖

②请一等奖获奖同学上台领奖，请教务处刘文主任颁奖

5. 请孙金波主任公布获得名著竞赛集体奖名单

①请二、三等奖获奖班级语文老师及班主任上台领奖，请周校长颁奖

②请一等奖获奖班级语文老师及班主任上台领奖，请周校长颁奖

6. 好，现在我宣布：表奖结束，汇报表演开始

结束语

男：一次吟咏

女：一次凝聚

男：一次感动

女：一次成长

男：是文学，让我们拥有蔚蓝色的梦想

女：是文学，让我们感受到生命的力量

男：收起这美好的瞬间，让它装帧我们的记忆

女：铭记这刹那的永恒，让它点缀你人生的晴空

男：书声永远飘扬，吟唱年年岁岁花相似

女：旋律时刻流淌，诠释岁岁年年人不同

合：亲爱的同学们

男：让我们敞开心胸祈祷吧，祈祷老师家长安康

女：让我们放飞真挚祝愿吧，祝愿初三百花竞放

男：让我们凝聚虔诚期待吧，期待明朝桃李更艳

女：现在我宣布，大连市第十四中学首届语文大阅读活动展示到此结束

后　记

利用闲暇时间完成了《绿色的畅想》的稿子，长舒了一口气的同时，也心怀忐忑。虽然我努力想把这些年对绿色教育的思考与实践和盘托出，做一个阶段总结，并试图抛砖引玉，给读者以启发，但由于本人水平的局限，对教育的理解还不深刻，对教育改革的探索和尝试还不够深入，总觉得还有很多观点没有说透，还有很多细节没有呈现。另外，也难免出现理念的偏颇、思想的狭隘、行动的欠缺，难免顾此失彼，避重就轻，希望大家谅解并给予批评指正。

但我想说，在创建绿色教育特色学校和实施绿色教育过程中，我收获了个人的成长与成熟，收获了教师队伍的进取风气和优良素养，收获了学生的全面成人和可持续成长。这些喜悦，是任何幸福都无法替代的。

同时我也深深感悟到，是以习近平同志为核心的党中央的正确指引，才让我们基层校长明确了教育应该为谁培养人、培养什么人、怎样培养人的问题，才让我们的教育行为有了方向；是大连市甘井子区政府的大力投入和甘井子区教育局的正确领导，才给了我发挥作用的机会和平台。在此衷心感谢各级领导、专家对我的指导和帮助。也感谢我的同事们，是我们的同心同德，不离不弃，同频共振，使得大连市第十四中学有了坚强的执行力，从而使绿色教育根深叶茂，硕果满园。

周慧芹

2020年7月